# 陳景潤

嗨！有趣的故事

余雷

Hi! Story

# 【出版說明】

在文字出現以前，知識的傳遞方式主要就是語言，靠口耳相傳的方式記錄歷史與情感表達。人類的生活經歷、生命情感也依靠著「說故事」來「記錄」。是即人們口中常說的「傳說時代」。然而文字的出現讓「故事」不僅能夠分享，還能記錄，還能更好、更廣泛地保留、積累和傳承。

《史記》「紀傳體」這個體裁的出現，讓「信史」有了依託，讓「故事」有了新的準則：文詞精鍊，詞彙豐富，語言精切淺白；豐富的思想內容，不虛美、不隱惡。選擇人物一生中最有典型意義的事件，來突出人物的性格特徵，以對事件的細節描寫烘托人物的情感表現，用符合人物身分的語言，表現人物的神情態度、愛好取捨。生動、雋永而又情味盎然。

「故事」中的人物和事件，從來就是人類的「熱門話題」。她是茶餘飯後的趣味談資，是小說家的鮮活素材，是政治學、人類學、社會學等取之無盡、用之不竭的研究依據和事實佐證。

中國歷史上下五千年，人物眾多，事件繁複，神話傳說與歷史事實並存，正史與野史交錯互映，頭緒繁多，內容龐雜，可謂浩如煙海、精彩紛呈，展現了中華文化的源遠流長與博大精深。讓「故事」的題材取之不盡，用之不竭。而其深厚的文化底蘊如何呈現，怎樣傳承，使之重光，無疑成為《嗨！有趣的故事》出版的緣起與意趣。

《嗨！有趣的故事》秉持典籍史料所承載的歷史精神，力圖反映歷史的精彩與真實。深入淺出的文字使「故事」更為生動，更為循循善誘、發人深思。

《嗨！有趣的故事》以蘊含了或高亢激昂或哀婉悲痛的歷史現場，以對古往今來無數先賢英烈的思想、事蹟和他們事業成就的鮮活呈現，於協助讀者不斷豐富歷史視域和深度思考的同時，不斷獲得人生啟迪和現實思考、並從中汲取力量，豐富精神世界，在實現自我人生價值和彰顯時代精神的大道上，毅勇精進，不斷提升。

# 【導讀】

一九三三年五月二十二日，陳景潤出生在福建省福州市的一座老房子裏。

陳景潤從小體弱多病，看上去比同齡孩子小一圈。這個瘦弱的孩子最喜歡做的事情就是讀書，當同伴在玩耍的時候，他常常安靜地捧著一本書，沉浸在知識的世界裏。

陳景潤的童年處在一個動盪的時代，為了躲避戰爭，全家人輾轉多地。難得的是，不管處境如何，重視教育的父親也沒有讓孩子們中斷學習。陳景潤在艱苦的環境中不僅學到了知識，更體會到，只有勤勤懇懇，努力付出，才能有所收穫。

陳景潤不擅長與人交流，即使在家裏，他也少言寡語。慈愛的母親擔心這個孩子太過木訥，今後難以生存。父親卻說，放心吧，他以後會有出息。父親深知，這個孩子雖外表柔順，但內心無比堅定，做事踏實而專注，有著不畏困難的堅強與決心。果然如父親所說，中學時的陳景潤對數學產生了濃厚的興趣，上大學時他選擇了數學作為自己的專業，從此走上了為數學奉獻一生的道路。

幾十年後，在一個沒有電燈的六平方公尺小屋裏，陳景潤用紙和筆演算出了最接近哥德巴赫猜想的「1＋2」，為世界所矚目，以他姓氏命名的「陳氏定理」至今無人超越。

數學是理性思維和邏輯思維的精髓，是其他自然科學發展的基礎。自從踏上數學研究之路的那天起，陳景潤就毫無畏懼，義無反顧。無論前面的高山多麼陡峭，他從來不退縮，一直堅定而執著地向上攀登。很多人向陳景潤請教成功的祕訣，陳景潤說：「其實沒有什麼奧妙，最重要的是熱愛科學，打好基礎，要勤奮、刻苦、嚴謹。」

一九九一年，北京電視台採訪了陳景潤一家，當記者問他人生的目的是什麼的時候，陳景潤說：「人生的目的是奉獻，而不是索取。」

陳景潤最喜愛的一首歌是〈小草〉，他常常輕聲哼唱：「沒有花香，沒有樹高，我是一棵無人知道的小草。」即使已經成為一棵參天大樹，他依然謙虛、樸素，把自己當作一棵小草，努力為這個世界增添一份綠意。

# 目錄

# 我要讀書

春天的原野上，到處都是剛冒出土的草芽。細嫩的草芽遠遠看去綠茸茸的一片，走到近處，卻只見一根根細小柔弱，或是淡黃，或是乳白的小草，稀稀拉拉地插在焦黃的土地上。

這個季節，無論是下雨還是天晴，放牛的孩子們總會早早地把牛趕到空地上，讓牠們多吃幾口鮮嫩的草葉。地上的草很少，但牛並不在意，牠們耐心地尋找著，看到小草就用舌頭靈巧地捲起來，慢慢嚼著。黃牛慢悠悠地走在前面，孩子們嘻嘻哈哈地打鬧著跟在後面，冷清了一個冬天的原野變得熱鬧起來。

陳景潤不用放牛，但每天中午他都得提著土罐去田裏，給下田的媽媽送飯。

這一天，陳景潤又去給媽媽送飯。雖然是早春，但中午的太陽已經火辣辣的有些烤人，他不由得加快了腳步。

前面有一群孩子在玩遊戲，走近一看，是住在附近的幾個小夥伴。陳景潤低著頭剛想從旁邊走開，一個孩子攔住了他：「嗨，來跟我們一起玩吧。」

陳景潤搖搖頭：「不行，我要去給媽媽送飯。」

「快去快去。」男孩催促著他，「送完飯趕快過來呀，我們一起玩捉迷藏。」

「嗯。」陳景潤答應著，飛快地跑了。

媽媽吃完飯，休息了一會兒繼續鋤草。陳景潤提著土罐往家走去。不遠處，那幾個男孩還在嘻嘻哈哈地打鬧著。陳景潤看了他們一眼，轉身走上了另一條路。從這條路回家雖然會遠一些，但陳景潤不想和那些孩子一起玩，他只想趕快回家去看書。

前面有一棵大柳樹，柔順的柳枝上佈滿了新長出來的鵝黃色柳葉。一個男孩坐在樹下，正捧著一本書在念：「天街小雨潤如酥，草色遙看近卻無。」

「草色遙看近卻無，草色遙看近卻無……」陳景潤跟著念了一遍，向遠處看去，欣喜地說，「真是這樣的呢，寫得真好！能讓我看一眼你的書嗎？」

男孩回過頭，瞪了陳景潤一眼：「你誰啊？走開！別打擾我讀書！」

陳景潤看了看男孩手裏的書，輕聲問：「我就看一眼，可以嗎？」

不料，男孩把書藏到身後，上下打量了他一番，鄙夷地說：「不行！就你這種窮小子，一輩子都別想讀書。快滾，有多遠滾多遠！」

陳景潤轉身跑了。他一邊跑，一邊擦拭著不斷流出的眼淚。男孩的話深深地刺痛了陳景潤。他寧可一輩子不吃肉，也不能一輩子不讀書啊。陳景潤在田埂上拚命往前跑，像是要把這句話遠遠地拋在身後。

正午的太陽像個火爐一樣懸在空中，空氣中有一股焦煳的味道。陳景潤跑一會兒，頭上就冒出了細密的汗珠，身上的衣服也被汗水打溼了，但他還在一個勁兒地往前跑著。他不知道自己要跑向哪裏，只覺得心中像是有一團火在熊熊燃燒，卻不知道怎麼把它撲滅。

讀書，是陳景潤從小的夢想。

陳景潤是家裏的第三個孩子。每天看著哥哥姊姊背著書包到學校去，年幼的他非常羨慕，常常問媽媽：「我什麼時候才能去上學？」

媽媽一邊做事，一邊回答道：「等你長大了就能去。」

「我什麼時候才算是長大呢？」陳景潤追在媽媽的身後問。

媽媽歎了一口氣，看了看眉頭緊鎖的爸爸，輕聲對陳景潤說：「到時候你就知道了。」

陳景潤的爸爸是當地一個郵局的小職員，每個月只有微薄的薪水。家裏一連生了好幾個孩子，每多一張吃飯的嘴，爸爸的壓力就大一些。哥哥和姊姊上學以後，日漸增加的學雜費讓家裏本不寬裕的日子愈發捉襟見肘。爸爸每天都在為各種支出絞盡腦汁。

陳景潤不敢跟爸爸提上學的事，但只要哥哥姊姊一放學，他就纏著他們教他認字、做算術。哥哥姊姊也總是很耐心地先教他幾個字，再去寫自己的作業。

一天，哥哥正在做作業，陳景潤看到哥哥的書包放在一邊，就悄悄背在了身上。這個書包不過是一個寬大的布袋，但陳景潤背上它，卻像是得到了一個寶貝，心裏高興得不知如何是好。他在家門口走來走去，想做點什麼。他突然想到：如果背著這個書包到學校去，老師會不會就把我當成一個學生呢？

陳景潤這樣想著，趁家裏人都沒有注意，就悄悄地向學校跑去。

可年幼的陳景潤只知道學校的方向，卻從來沒有去過。他背著書包在路上跑了一會兒就迷路了，既不知道怎麼去學校，也不知道該怎麼回家。陳景潤東跑跑，西跑跑，離家愈來愈遠，路上的人也愈來愈少，他只好坐在路邊哇哇大哭，一直哭到家裏人找到他。

時間飛快地過去，陳景潤的個子長高了，相貌也有了一些變化，但愛看書的習慣卻一點兒也沒有改變。他依然每天讓哥哥姊姊教他在學校裏學到的知識，但很少再跟爸爸媽媽提送他去上學的事。

媽媽心疼陳景潤，悄悄和爸爸商量：「景潤那麼愛讀書，就讓他去上學吧。」爸爸為難地說：「我一定會送他去讀書的。但家裏現在的情況你也知道，我們實在沒有多餘的錢再讓一個孩子去讀書了。景潤還小，稍微緩一緩吧，讓我再想想辦法。」聽到爸爸媽媽的談話，陳景潤只能坐在角落裏流淚。他不知道還能對誰說，自己最大的願望就是讀書。

後來，陳景潤經常往學校跑。他每次都裝作路過，然後慢慢從校園外走過，校園裏琅琅的讀書聲在他耳裏就像天籟一樣，能讓他癡癡地在那裏站好半天。

「喂，小傢伙，你在這兒幹什麼呢？」一天，傳達室的老伯又看到這個常常呆站在校門口的男孩，忍不住上前拍了拍陳景潤的肩膀。

陳景潤小聲說：「我……我想上學。」

老伯笑了起來：「你這小傢伙，真有意思，想上學就跟你的父母說嘛，讓他們送你來不就行了。」

陳景潤輕聲說：「可……我家沒錢。」

這時，一個男老師正好走出校門，看到站在門口的一老一小，就問陳景潤：「你有什麼事嗎？」

「我要讀書。」陳景潤倔強地抬起頭。

男老師笑了：「哦，說說看，你為什麼要讀書？」

陳景潤怔了一下，搖搖頭說：「我說不好，我只知道讀書的時候我很快樂。我喜歡讀書！」

男老師問：「你都讀過什麼書？」

陳景潤想了想說：「哥哥姊姊的課本我都讀過，家裏能找到的、我能看懂的書我也都讀過。」

「誰教你認字的？」男老師問。

陳景潤自豪地說：「我爸爸，還有我哥哥姊姊。哥哥姊姊每天放學回家後都會教我認幾個字，他們教的每一個字我都會寫。老師，您要是不信，可以考考我。」

正說著，有個人迎面走來，向著男老師揮了揮手。男老師低頭摸了摸陳景潤的小腦袋，說：「小傢伙，真厲害！要想讀書，就讓你的家長送你到學校來吧。我還有事，先走了。」

看著男老師的背影，陳景潤愣了好久，突然大聲喊道：「老師，我要讀書！」

## 數學比遊戲有趣

盛夏時節，孩子們都喜歡泡在池塘裏，清涼的池水讓燥熱的世界變得安寧而舒適。幾個男孩摘下柳枝，做成一個涼帽戴在頭上。他們把整個身子藏在水裏，只露出半個頭。從池塘上空飛過的鳥兒以為這是漂浮在水面上的草窩，有時會停在上面，輕輕啄一啄柳葉。

當鳥兒停下的時候，男孩們就突然跳起來，伸手向鳥兒撲去。鳥兒嚇得撲閃著翅膀，猛地飛向空中。池塘裏的孩子一邊對著鳥兒潑水，一邊高興得哈哈大笑。

陳景潤不喜歡去池塘裏玩水，他喜歡安靜，總是想辦法躲開吵吵嚷嚷的夥伴們。有時，他被哥哥硬拉到池塘邊，最多也只是把腳放進水裏，用腳趾輕輕地撥弄幾下，然後趁大家不注意時悄悄起身回家。

只有在玩捉迷藏這種遊戲時陳景潤才會積極一些，因為捉迷藏不用和其他人進行交流，只要自己躲好就行了。

這一天，一群小夥伴來到陳景潤家的院子裏，大家嘰嘰喳喳地聊了一會兒後，有人提議：「我們來捉迷藏吧。」

小夥伴們都同意了，可是，誰也不願意做找人的那個。陳景潤的哥哥陳景桐拿出一副竹片做成的七巧板，對大家說：「每人都試一下，一分鐘裏拼出一個數字就過關。要是拼不出來，那就找人。」

「不就是拼七巧板嗎？這還不簡單。」胖胖的福慶第一個拿過七巧板，自信地說：「快，給我計時。」

陳景潤家有一個老舊的鬧鐘，陳景桐拿過那個鬧鐘開始計時。福慶拿了三片竹片拼出了一個「1」，得意地舉著手說：「這麼簡單，根本不需要一分鐘。」

陳景桐笑了起來：「沒那麼簡單，我的條件是七片竹片都要用到。」

這副七巧板陳景潤和哥哥玩過很多次，他知道許多種玩法，於是連忙說：「我來，我來，我會。」

可他太小，聲音又輕，誰也沒搭理他。

福慶不服氣地說：「這些竹片長長短短都有，根本不可能拼出來。」

陳景桐拿過竹片，很快拼出了「1、2、3、4、5、6、7、8、9」幾個數字，大家都拍起手來。

福慶只好認輸：「好吧，你們去藏，我來找。」

福慶把臉貼在牆壁上，開始大聲數數。大家都往屋外跑，陳景潤卻往屋裏走。原來，剛才他已經觀察過，牆角的衣架上掛了一件哥哥的舊衣服，那件衣服很寬大，瘦小的他藏在後面的話沒人能看到。

福慶開始尋找了。他先走進屋裏，蹲下身看了看桌子下面，又推開裏屋的門看了看，什麼也沒發現，就跑出了屋子。

陳景潤在哥哥的衣服後面站了很久，他一動也不敢動，生怕自己被發現。不知又過了多長時間，陳景潤的腳有些痠麻了，他想，要是手裏有一本書就好了。

終於，院子裏熱鬧起來——阿興被抓住了。福慶緊緊拉著他的衣袖不肯鬆手，阿興不高興地說：「放開我，你已經抓住我了，我不會跑的。」

福慶昂著頭說：「哼，我要讓所有人都看到才放手。差一個也不行。」

陳景桐點了點人數，發現唯獨陳景潤不在，他喊道：「景潤，你贏了，快出來！」

看到陳景潤從屋裏走出來，福慶瞪大了眼睛：「剛才我找過屋裏啊，怎麼沒看到你？」

陳景潤笑著說：「我躲在哥哥的衣服後面。他的衣服寬大，我個子小，所以你沒看到我。」

陳景桐跺著腳說：「你這個笨蛋，你把藏身的地方說出來，下次就不能躲在那裏了。」陳景潤張大嘴看著哥哥，心裏責怪自己，他怎麼就沒想到呢。但他馬上想到了另一個問題：躲藏太久，很浪費時間，下次一定要拿上一本書，可以在藏起來的時候看書。

這一輪該阿興來找了。阿興趴在牆壁上數數的時候，大家都跑出了院子，陳景潤又躡手躡腳地向屋裏走去。剛剛他藏在衣服後面的時候發現，裏屋的衣櫥背後有一塊窄窄的空檔，剛好夠他側著身子擠進去。

屋頂上有一塊亮瓦，光線能從那裏透進來，所以衣櫥後面並不是很暗。陳景潤小心地打開剛進屋時帶來的一本書，仔細地讀了起來。

不知過了多久，外面又熱鬧起來，一定是有人被捉住了。陳景潤想出去，但又覺得這本書實在好看，不捨得中斷。就在他不知道該出去還是留下時，外面又傳來了數數的聲音，新一輪遊戲開始了。

陳景潤想：「現在肯定不能出去了，不如繼續看書吧。」

這天，小夥伴們玩了一個下午的捉迷藏，陳景潤則在衣櫥後面看了一個下午的書。吃晚飯的時候，哥哥和姊姊驚訝地問：「剛才你到哪裏去了？」

陳景潤笑著說：「我躲在一個你們所有人都找不到的地方。」

「你在那躲一個下午不難受嗎？」姊姊問。

陳景潤笑著說：「不難受，我看了一本好玩的書，特別有意思。對了，我問你們一個問題：古時候一斤橘子多少錢？」

「這不是賣橘子的人說了算嗎？這算什麼問題。」媽媽笑了起來。

爸爸沉默了一下，回答道：「兩百五十六錢。」

陳景潤跳了起來：「爸爸，您怎麼知道的？」

爸爸拿過紙筆，在上面寫出一個算式，解釋道：「古時候一斤等於十六兩，一兩等於十六錢，十六乘以十六，一斤就等於兩百五十六錢。對不對？」

陳景潤連連點頭。「書上就是這樣寫的。是不是很有意思？」

「你看的什麼書啊？」哥哥和姊姊問。

陳景潤拿出一本《古代趣味數學》晃了晃：「就是這本，我覺得數學比捉迷藏好玩。」

## 田埂上的數學課

陳景潤終於有機會上學了。

爸爸把他送進了福州三一小學。這是一所教會學校，和一般的私塾不一樣，學校裏會教授國文和算術等課程。

陳景潤終於有了自己的書包，他的書包裏不僅有教科書，還有一塊石板和一個石硯台。書包雖然很沉，但陳景潤絲毫不覺得重。

他每天早早地來到教室，等著老師上課。上課的時候，他專心聽講，即使已經懂的內容也要耐心地再聽一遍。下課的時候，大家都在外面打鬧，只有他安靜地坐在教室裏看書。放學以後大家都走了，他還趴在桌上寫字。

班裏有幾個調皮的孩子，看陳景潤衣著破舊，平時很少說話，就常常欺負他。他們走過陳景潤身旁時，故意把他桌上的書扔到地上，或是在他經過時伸出腳把他絆倒。

陳景潤起初還跟他們爭吵，但常常他一個人說話，對方好幾個人一起反擊。有時說不了幾句，那些孩子揮拳就打，瘦弱的陳景潤毫無還手之力，被打得鼻青臉腫。老師詢問的時候，那幾個同學都瞪著他，陳景潤只能說是自己不小心碰傷的。幾次之後，陳景潤發現自己寡不敵眾，只好看到他們就躲得遠遠的。見陳景潤躲著他們，這幾個同學就變本加厲地欺負他。

有一次，他們在放學回家的路上搶了陳景潤的書包，把他書包裏的東西全都倒在了地上，又把他的書包掛到樹枝上。他們以為陳景潤一定會氣得跳起來，但令他們沒想到的是，陳景潤一句話也沒說，走過去拿下書包，慢慢把書包收拾好後離開了。幾次以後，這幾個同學覺得沒什麼意思，也就不再欺負他了。

因為家裏窮，陳景潤常常穿哥哥姊姊穿過的衣服，學習用具也是能省就省，很少買新的。有一次，陳景潤打掃教室衛生的時候，發現教室的牆角裏有幾個短短的鉛筆頭。

他覺得這些鉛筆頭雖然短，但用力握住還能寫字，就這樣扔掉太可惜了，便撿起來放在講台上，希望有人來認領。

第二天，第三天，一直沒有人來認領。陳景潤問老師：「這些鉛筆頭沒人要，怎麼辦？」

老師隨口說：「扔了吧。」

陳景潤沉默了一下，伸出手小心地拿起鉛筆頭，走出了教室。他沒有把它們扔掉，而是放進了自己的書包裏。

第二天上課的時候，陳景潤拿出一個鉛筆頭開始寫作業。坐在他前面的一個同學回頭看到他手裏的鉛筆，驚訝地問：「你怎麼用我扔掉的鉛筆？」

陳景潤坦然地說：「我看它還能用就沒有扔。你還要的話，我就還給你。」

那個同學還沒說話，旁邊坐的幾個調皮鬼就對著陳景潤喊了起來：「小氣鬼！撿垃圾！」

他們在校園裏叫了一整天，陳景潤都沒有搭理他們。放學的時候，這幾個同學還一直跟在陳景潤身後不停地喊：「小氣鬼！撿垃圾！」

路過的人都驚訝地看著他們，陳景潤心中氣惱，只顧低著頭往前跑。就在他跑過一條田埂的時候，因為兩眼只看著腳下，不小心一頭撞在了一個人身上。

「哎喲，你怎麼走路的！」被撞的人生氣地喊道。

陳景潤連忙道歉：「對不起，對不起，我不是故意的。」

被撞的是一個老大爺，看到陳景潤慌亂的樣子，他歎了一口氣說：「唉，你們這些小學生整天在學校都學了些什麼，就知道玩鬧。」

跟在陳景潤身後跑過來的一個男孩不服氣地說：「我們學了很多東西的，不信的話你可以考考我們。」

老大爺坐到一塊石頭上，笑著說：「好，我就考考你們。雞和兔子關在一個籠子裏，上面有三十五個頭，下面有九十四隻腳。請問雞有多少隻？兔子有多少隻？」

一個男孩搶先回答：「這還不簡單，數一數不就知道了？」

老大爺大笑起來：「哈哈，這個雞兔同籠的問題你們要是答不上來的話，就是一群糊塗蛋。」

幾個男孩拿出作業本，一邊商量，一邊在本子上塗塗畫畫，好半天都沒有算出來。

陳景潤想了想，撿起一根樹枝在地上列出幾個算式，對老大爺說：「雞有二十三隻，兔子有十二隻。」

老大爺驚喜地問：「你是怎麼算出來的？」

陳景潤說：「有三十五個頭，說明雞和兔子一共有三十五隻。雞有兩條腿，如果把兔子的前腿綁起來的話，兔子也是兩條腿，雞腿和兔腿的數量就是三十五乘以二等於七十，但總共有九十四條腿，那麼九十四減去七十得到的二十四就是兔子的腿。現在兔子被綁住了兩條腿，所以只要二十四除以二就知道兔子有十二隻，三十五減去十二等於二十三就是雞的數量。」

「等等！我算一算腿的數量對不對。」一個男孩喊了起來，他在作業本上算了好一會兒，才抬起頭問陳景潤，「你怎麼能想到要把兔子的前腿綁起來呢？」

陳景潤睜大了眼睛，問：「你還有更好的辦法嗎？」

那個男孩搖了搖頭。老大爺讚許地對陳景潤說：「後生可畏啊！沒想到你小小年紀就能答出這個題目。孩子們，剛才我的話說錯了。你們都是愛讀書的好孩子，好好學吧。」

欺負陳景潤的幾個孩子目瞪口呆地看著他，一個孩子小聲說：「陳景潤平時看起來傻乎乎的，可做數學題的時候一點兒也不傻，感覺他做題就跟玩似的。」

陳景潤笑著說：「爺爺，您還有其他好玩的題目嗎？」

老大爺想了想，說：「好，那我再問你一個百雞問題。公雞每隻五文錢，母雞每隻三文錢，三隻小雞一文錢，現在要用一百文錢買一百隻雞，這一百隻雞裏公雞、母雞和小雞各有多少隻？」

「這個好像比剛才那個還要難。」男孩們抓耳撓腮地想了半天，還是沒想出答案，於是都把目光投向陳景潤。

陳景潤用一根樹枝在地上畫來畫去，但這一次他許久都沒說話。一個男孩悄聲說：「可能他也算不出來吧。」

太陽已經偏西了，夕陽給大地塗上了一層橘紅的光芒。老大爺站起身說：「這個題目確實比剛才那個難，我告訴你們答案吧……」

「不！」陳景潤抬起了頭，「讓我再算一算。」

老大爺摸了摸陳景潤的頭說：「你們還太小，有些問題解答不了很正常，以後慢慢就明白了。」

陳景潤雖然有些沮喪，但他還是用腳擦去寫在地上的算式，認真地聽老大爺解答。

老大爺說：「這道題有很多個答案，我知道三個。第一個答案：公雞四隻，母雞十八隻，小雞七十八隻。第二個答案：公雞八隻，母雞十一隻，小雞八十一隻。第三個答案：公雞十二隻，母雞四隻，小雞八十四隻。」

「一道題還能不止有一個答案？這太神奇了！我一定要努力用功，爭取做出更多這樣的題目。」陳景潤拉住老大爺的手，「爺爺，謝謝您。明天您還到這裏來嗎？我想跟您學習。」

其他幾個同學也搶著說：「爺爺，您好像比我們學校的老師都厲害啊，我們要跟您學，您就在這田埂上給我們上數學課吧。」

老大爺笑呵呵地說：「我可教不了你們，我知道的數學題就這幾道，你們還是在學校好好學習吧。不過我知道，學習和種地一樣，可不能偷懶。只要肯下工夫，種下去的種子就能發芽，就會有收成。你們現在好好學習，將來一定會有出息的。」

「陳景潤，要不你來教我們吧。」一個男孩突然轉向陳景潤，「以後放學了，我們就到這裏來，你給我們講數學題。」

陳景潤怔了一下，撓了撓頭：「不如以後放學了我們就到這裏來練習吧！大家去找好玩的數學題目，我們一起解題。」

另一個男孩慢慢垂下了頭：「我連學校老師佈置的作業都做不出來，這些題目還是算了吧。」

陳景潤連忙說：「沒關係，我們就當是在玩遊戲，一點一點慢慢來。」

大家發現，只要一講到數學題，平時木訥的陳景潤就神采飛揚，滔滔不絕，像是換了個人一樣。他演算習題時的神情就像是在研究一件件珍寶，專注而認真。那幾個以前總愛欺負陳景潤的同學，對這個穿著破舊、不愛說話的男孩愈來愈欽佩了。

# 路燈下夜讀

自古以來，中國人信奉多子多福，陳家也不例外。陳景潤的爸爸媽媽一共生了十二個孩子，活下來六個，陳景潤因為在堂兄弟中排行第九，大家都叫他九哥。哥哥和姊姊比陳景潤大八九歲，陳景潤下面還有一個弟弟和兩個妹妹。爸爸媽媽平日裏忙著照顧年幼的弟弟妹妹，常常忽略了陳景潤。陳景潤有時覺得自己被冷落了，像是家裏多餘的人。每天回家做完家務，寫完作業後，陳景潤很少和大家聊天，總是默默地待在一旁。

爸爸養了一隻大烏龜，每天下班回來就給烏龜餵食、清洗。白天，烏龜縮著頭，躲在陰涼的地方。但好動的孩子們總能找到牠，把牠推到院子中央。

有時，弟弟妹妹們會坐在烏龜背上，讓烏龜往前爬。烏龜本來就爬得很慢，背上再坐了人，幾乎無法動彈。孩子們便不停地驅趕著烏龜，在院子裏大呼小叫。每當這個時候，陳景潤就躲到二樓去。他可以在樓上靜靜地坐一天，誰也不知道他在想什麼。

後來，弟弟妹妹們換了一種玩法，比賽誰能在烏龜背上站的時間長。最小的妹妹喜歡拉著陳景潤一塊兒玩，雖然不是很願意做遊戲，但陳景潤還是會努力在烏龜背上站得久一些。但即便如此，常常都是他第一個從烏龜背上下來。

看著弟弟妹妹們嘻嘻哈哈地爬上烏龜背，開心大笑，陳景潤覺得有些無聊。他不太能理解，為什麼他們站在烏龜背上就那麼高興。

「這個孩子有些孤僻，不愛說話，今後……」媽媽有時會有些擔心。

爸爸知道陳景潤愛看書，很努力，就安慰媽媽：「別擔心，景潤雖然不怎麼愛說話，但他做事很專注，我看他將來會有出息。」

看著瘦弱的陳景潤每天都在埋頭看書，媽媽暗暗想，一定要對他多照顧一些。

家裏的飯菜比較簡單，常常只是白粥就鹹菜，有時會加一條魚。每次做好飯，不等大家到齊，陳景潤就先吃了起來。他總是盛一碗粥，隨便夾一點鹹菜，三口兩口吃完就看書去了。吃飯對於陳景潤來說，吃什麼、怎麼吃並不重要，只要能填飽肚子就行。他總是吃最簡單的飯菜，以省下時間去看書學習。

媽媽從不責怪陳景潤不等大家，她總是輕聲提醒他：「吃慢點，吃慢點，別噎著。」

因為過多的生育和繁重的家務，媽媽的健康每況愈下。但家裏卻拿不出錢給她治病。每次生病，媽媽都強撐著，或是找醫生開一點便宜的藥，在床上躺著休息幾天，身體稍一好轉就趕快起來繼續幹活。

陳景潤很擔心媽媽的身體，卻不知道該怎麼辦。他只能儘量讓媽媽少為他做事，少為他操心。

陳景潤穿的是哥哥穿過的舊衣服，但他從不抱怨，只要媽媽不用熬夜做新的就行。過年的時候，媽媽會為陳景潤做一雙布鞋，但陳景潤捨不得穿。

他常年光腳穿著木屐。這種木板做成的拖鞋走路時會發出呱嗒呱嗒的聲音，只要聽到響亮的木屐聲，媽媽就知道是陳景潤來了。

陳景潤雖然看上去孤單瘦小，但他的內心卻是滿足的。書給了他另一個世界，那個世界更為遼闊，更為豐富。他每天沉浸在書本中，對周圍發生的很多事情都不關心。

一天，媽媽在陳景潤的飯碗裏放了一團淡黃色的東西，陳景潤疑惑地問：「這是什麼？」

媽媽笑著說：「蜂蜜，你嘗嘗。」

陳景潤用筷子挑了一點放進嘴裏，驚喜地說：「甜的，好吃。您做的嗎？」

媽媽拿出一個罐子說：「這是蜜蜂釀造的。」

「蜜蜂，就是外面飛來飛去的那些蜜蜂嗎？」陳景潤瞪大了眼睛。

媽媽點點頭：「對，油菜開花的時候，果樹開花的時候，蜜蜂就忙起來了。只要有花，牠們就採花釀蜜，一刻也不閒著。」

等到下回在一叢灌木前看到蜜蜂的時候，陳景潤不由得站住了。蜜蜂那麼小，卻能釀造甘甜的蜂蜜，真是不容易啊！陳景潤感歎著，更加仔細地觀察蜜蜂。他想知道蜜蜂是怎樣釀蜜的，可是看了很久，只看到蜜蜂從這朵花飛到那朵花，不停地飛舞，卻看不到蜜蜂是怎樣釀製蜂蜜的。

雖然沒有看到蜜蜂釀蜜，但陳景潤從此對這種昆蟲多了一份喜愛。弟弟妹妹們在院子裏踩烏龜玩的時候，他就在一旁看蜜蜂。在陳景潤的眼裏，這些嗡嗡叫著飛來飛去的蜜蜂比烏龜有意思：牠們雖然小，卻能把花粉變成花蜜，讓人們享受到甜美的蜂蜜。陳景潤不禁感歎，這個世界一定還有很多神奇的、自己不瞭解的事物，而要想知道更多，除了努力學習，他想不出其他更好的辦法。

陳景潤把白天所有能利用的時間都用來看書了，可他還是覺得不夠。每天晚上，家裏的幾個孩子一起在昏暗的煤油燈下做功課，陳景潤的視力不好，只能模模糊糊地看到書上的字。但他不好意思把煤油燈往自己這邊挪，每天一做完作業就收拾起書包，離開煤油燈。

一天晚上，大家都睡了。媽媽聽到外面的屋子有聲音，就悄悄起身去查看。藉著屋外暗淡的光線，媽媽看到陳景潤帶上門出去了。她趕緊叫醒陳景潤的爸爸：「景潤出去了，你快去看看。」爸爸急忙穿上衣服跟了出去。

夜晚的街道很安靜，路上一個人也沒有，只有遠處一盞昏黃的路燈亮著。那時候，福州雖然已經有了電力公司，但由於供電不足，燈光還是很微弱。瘦小的陳景潤就站在那盞路燈下，正捧著一本書專心地讀著。爸爸在離他不遠的地方停下來，靜靜地看著他。

陳景潤並沒有發現爸爸，他完全沉浸在書裏，有時忍不住輕聲讀出來，有時會心地笑一笑。見他看得那麼入迷，爸爸明白了，原來是景潤不想打擾家裏人，也不想用太多煤油，於是乾脆跑到路燈下來看書。

爸爸想了想，沒有上前叫他，而是轉身回去了。他對正在家裏擔心的媽媽說：「放心吧，景潤是去看書，不是做壞事。」

「夜裏涼，千萬別凍著啊。」媽媽又有了新的擔心。

第二天晚上，陳景潤和平時一樣，做完作業後，收拾好書包坐在一邊。媽媽對他招招手，讓他到樓上去。

陳景潤上樓後，看到媽媽手裏拿了一件厚厚的棉襖，就問：「還沒到冬天呢，怎麼就要穿棉襖？」

媽媽拿著棉襖在他身上比畫著，輕聲說：「陳家人都愛讀書，你爺爺說過，『詩書傳家久』。你爸爸和他的幾個兄弟都愛讀書，後來才有機會獲得了今天的工作。讀書是一生的事情，不能急於一時。你要注意身體，如果看壞了眼睛，弄壞了身體，那再好看的書也不值得看。」

「嗯，我記住了。」陳景潤接過棉衣下樓去了。

夜深了，大家都睡了，陳景潤披上棉衣，又悄悄帶著書出去了。

為了方便閱讀，陳景潤常常把書拆開，一頁一頁放在衣袋裏，有空就拿出來讀一讀。媽媽給他洗衣服的時候，都會先仔細地掏一掏衣袋，因為如果不留神把他的書頁洗掉了，陳景潤會難過好幾天的。

陳景潤日夜苦讀，慢慢地，課堂上老師教授的內容已經不能滿足他了。他每天坐在教室裏，聽老師講那些他早已明白的知識，心裏很苦惱。老師見陳景潤上課不專心，就問他：「你有什麼問題嗎？」

陳景潤連忙搖頭說：「沒有沒有，什麼問題也沒有。」

回家後，媽媽看他垂頭喪氣的樣子，悄悄對爸爸說：「景潤好像有心事，你去問問。」

在爸爸的再三追問下，陳景潤終於說出了實話，他滿臉愁容地問爸爸：「有沒有哪個學校不用一級一級上學，可以直接上五年級？」

爸爸沒有說話，只是沉思著，摸了摸他的頭。

暑假結束了，爸爸帶著陳景潤去學校註冊。看到爸爸徑直朝著五年級的教室走去，陳景潤連忙在後面喊：「錯啦！錯啦！」爸爸卻像沒聽見一樣，只顧大步往前走。

這時，五年級的老師走出教室，笑著對陳景潤說：「你就是陳景潤嗎？歡迎來到五年級。」

陳景潤又驚又喜，他看看爸爸，又連忙對老師鞠了個躬，轉身站在教室門口對著爸爸傻笑。

爸爸慈愛地在他的頭上拍了拍：「現在你的願望實現了，好好念書吧。」

陳景潤連連點頭：「我會的，我會的。我一定要好好學習。」

## 求學三元

一九四三年，日軍對福州發動了一次又一次的攻擊。整個福州都陷入了戰爭的恐慌中。很多人離開了福州，到鄉下或其他地方去避難。恰巧這時，陳景潤的爸爸接到一紙調令，要到三元縣郵政局去擔任局長。爸爸決定帶著全家一起搬過去。

三元縣位於福建省中部偏西的地方，東南緊鄰戴雲山脈，西北靠著武夷山脈，還有一條名叫沙溪的河穿過整個縣城。

陳景潤一家人帶著很少的行李輾轉來到了這座小城，住在臨時的郵政局裏。連日的奔波勞累，讓陳景潤和媽媽一起染上了肺結核。瘦弱的陳景潤看著媽媽咳出了血絲，心裏十分著急，甚至忘記了自己也病著，只希望媽媽趕快好起來，不要這麼痛苦。

爸爸安頓好家人後就開始忙工作，但他沒有忘記要給陳景潤找一所好學校，他抽空來到三元縣三民鎮中心小學，請求校長讓陳景潤插班。當爸爸說明情況後，校長欣然同意了。

得知自己可以去上學，陳景潤的病立刻好了一半。他又休息了兩天，就背著書包上學去了。

陳景潤很快適應了三元的生活，這裏雖然沒有福州繁華，學校的設施也很簡陋陳舊，夜晚路上也沒有路燈，但三元沒有戰爭的侵擾，沒有戰亂的擔憂，可以安靜地讀書。

六年級的功課比原來難了很多，但陳景潤並不畏懼。只要老師講了新課，他都會反覆讀書做題，直到牢牢掌握才安心。遇到不懂的問題，他就向老師提問，一定要問到完全弄清楚為止。雖然到這個學校的時間不長，但老師們都喜愛這個學生。

第二年，日軍開始對福州周邊的地區進行轟炸，三元也沒能倖免——這個偏僻的世外桃源也不安寧了。

一次，學校正在上課的時候遇到了轟炸，日本飛機在學校附近扔下了一個炸彈。炸彈爆炸的聲響像是地震一般，教室也跟著震動起來。老師急忙帶著學生們向校園後的山上跑去。

老師一邊跑，一邊清點學生的人數。突然他發現，陳景潤沒在學生的隊伍裏。老師焦急地大喊：「陳景潤！陳景潤！你在哪裏？」

這時，只見一個瘦小的身影從山下急匆匆地跑過來，正是陳景潤。原來，在大家往外跑的時候，陳景潤卻忙著收拾書本，他把書包收拾好背在身上後才往外跑。

老師生氣地問：「你不要命了？書包重要還是你的命重要？」

陳景潤知道自己做錯了，連忙小聲道歉：「對不起！我下次快一點。」

後來，在保證撤離速度的前提下，陳景潤每次還是會堅持帶著書。大家在山坳裏說笑聊天，或是睡覺，只有陳景潤獨自坐在一邊看書。看著這個不願意浪費一分一秒的學生，老師不知道是該鼓勵他還是指責他。

一九四四年七月，陳景潤從三民鎮中心小學畢業了。三元縣沒有中學，小學畢業生只能到鄰近的沙縣或是南平縣去讀中學。看到有同學到沙縣去上中學，陳景潤也想去，但他知道沙縣當時也不安寧，家裏人肯定不會同意。

爸爸覺察到陳景潤的擔憂，安慰他說：「我們正在籌辦三元縣立中學。如果學校辦起來，你就可以在家門口上中學了。」

可是，直到年底，學校也沒有籌辦起來。陳景潤雖然心裏著急，但也不想讓家人為他擔驚受怕，所以從不在家人面前提起這件事。他每天在家跟著爸爸學英語，早晨依然早早起來讀書。

時間過得很快，轉眼就到了春節。這是陳景潤一家人第一次在三元過年，大家依照著三元的風俗，打掃房屋，準備年貨，大年三十那天一起吃了一頓豐盛的年夜飯。

但這個除夕讓陳景潤最高興的不是拿到了壓歲錢，而是爸爸告訴他，過了年，三元縣中就要招收第一批學生了。

爸爸興奮地說：「江蘇學院的很多老師和大學生也到三元來避難，他們正好可以成為學校的老師。為了讓你們這批去年小學畢業的學生儘快上學，學校決定春季就招生。」

聽到這個消息後，陳景潤高興得一夜沒睡。他翻來覆去地想：中學會學什麼課程呢？那些去沙縣上學的同學已經學習了半年，自己現在才開始學習中學的課程，能趕上他們嗎？

幾天以後，陳景潤重新背上書包到學校去了。原來跑到沙縣去上中學的幾個同學，看到家門口也有了中學，竟然跑回來和他們一起重新上課。

陳景潤學得比原來更用心、更努力了，但期末考試的成績卻令他非常失望：初一上學期各科成績平均分只有六十五·二分。看著成績單，陳景潤很是鬱悶，晚飯只吃了幾口就放下了碗筷。

媽媽安慰他：「別著急，你有半年時間沒去上學，不能和其他同學相比。好好利用這個暑假的時間，只要你努力，成績慢慢會上去的。」

在暑假整整一個月的時間裏，對於別的孩子來說是玩耍和休息的時間，而陳景潤卻和平時上學一樣，沒有一天休息。

每天早晨起床後，他先讀一會兒書，然後提著水桶去打水，把家裏一天要用的水都打回來後，他就拿出課本開始學習。午飯後，他要幫助媽媽做一些家務，要帶弟弟妹妹們出去玩耍。只有晚飯後，才有時間繼續學習。

一天，有同學上門約他出去玩，陳景潤本想拒絕，但這個同學告訴陳景潤，想約他去的地方是岩前鎮的萬壽岩，據說朱熹、張若谷等人都在這裏讀過書。聽到是古代讀書人常去的地方，陳景潤便答應了。

幾天後，他們乘車坐船，花了半天的時間來到風景優美的萬壽山。走過曲折的山路，微風輕輕拂過陳景潤的臉頰，他微微閉上眼睛，似乎聽到了琅琅的讀書聲。他開心地想：或許，這些古人在讀書的時候也和自己讀書時一樣快樂吧？陳景潤暗暗下定決心，一定要更加的努力。

這個暑假發生了一件大事：日本宣佈投降，抗日戰爭結束了。陳景潤一家還生活在三元縣。暑假後，陳景潤又恢復了每天背著書包去上學的生活。經過一個暑假的複習，陳景潤對學習有了更多的自信。但他還是無法喜歡國文課、手工課和體育課，只對數學課和英語課感興趣。

教數學的陸宗授老師知識淵博，授課認真。有一天，陸老師佈置了三十三道數學題。同學們都覺得作業太多，紛紛表示這簡直是一個不可能完成的任務。

陸老師便對大家說：「你們要是覺得太多，無法完成的話，就挑其中的十道題來做吧。這三十三道題都是本單元的基礎練習題，你們選哪道題都可以。明天上課的時候把作業交給我。」

第二天上課的時候，除了陳景潤以外，全班同學都只完成了十道題。陳景潤在作業本上認認真真地寫出了三十三道數學題的運算過程和答案。這件事給陸老師留下了深刻的印象。慢慢地，陸老師發現，這個叫陳景潤的學生還真有一股特別的韌勁兒，只要他想做的事情，就都會拚命去做。

陸老師從此對這個學生多了一份關注，每次陳景潤來問問題的時候，他都儘可能詳細地解答。陳景潤幾乎每次下課都有問題要問，陸老師從來都是不厭其煩地給他講解。

一次，有一道題陳景潤苦苦思考了一個晚上也沒有思路。他想到陸老師說過，有問題可以隨時來問，於是就準備去找陸老師請教。

大哥被他吵醒了，打著哈欠說：「太晚了，不要打擾陸老師休息。」

陳景潤笑著說：「陸老師跟別的老師不一樣，不會說我打擾他的。」

這天晚上，陳景潤和陸老師討論了大半夜，直到把那道題做出來才回去。

經過一個學期的刻苦學習，陳景潤的成績有了大幅度的提高。英語成績全班第一，數學成績全班第二。雖然國文和體育的分數都很低，但總平均分七十八・七分，和上學期比有了很大的進步。

初二上學期，班上新來了一位國文老師。這個國文老師的教學方法和之前的老師不大一樣，教學內容和訓練要求都很具體。陳景潤漸漸對語文也產生了興趣，開始認真學習。他的同桌雖然成績不是很好，但也很刻苦，不懂的地方就向陳景潤請教。看到周圍的人都這麼努力，陳景潤學得更勤奮了，晚上常常在煤油燈下苦讀到深夜。

一個學期很快結束，又到期末公佈成績的時候了。這一次，陳景潤考了總分全班第一名，原本拖後腿的語文居然考了九十二分，體育也考了八十分。這一年，陳景潤被評為優等生。

看著這份成績單，爸爸滿意地笑著說：「還以為你是只會數學和英語的偏科生呢。」陳景潤不好意思地說：「才不是呢，我每一科都可以考得很好嘛。」

從一九四三年到一九四七年，陳景潤在三元生活了三年多。這段時間在他的一生中只是短短的一個部份，但卻為他今後的研究奠定了堅實的基礎。

## 英華「陳布克」

一九四七年一月，陳景潤一家又回到了福州。

陳景潤一家八口僅靠爸爸微薄的薪水度日，日子過得捉襟見肘。迫於生活壓力，哥哥和姊姊都輟學了，爸爸原本想讓陳景潤也暫時輟學，但陳景潤苦苦央求：「讓我上學吧，以後我每天只吃一頓飯，放學回來我就幫家裏幹活。」

爸爸考慮了很久，終於還是同意了。他找到三一中學的校長，說明了陳景潤想要求學的決心，校長同意讓陳景潤到三一中學來讀書。

進入三一中學後，陳景潤白天上學，晚上照顧病重的媽媽和年幼的弟弟妹妹。直到把家務都做完，他才有時間完成作業。日子雖然過得辛苦和忙碌，但只要可以上學和看書，陳景潤就感到很快樂。

因為在三元的時候患過肺結核，陳景潤的身體一直沒有得到很好的康復，顯得比同齡的孩子更加瘦小和羸弱，不合身的粗布衣服穿在身上像是掛在骨頭架子上。陳景潤對生活沒有多少要求，飯菜吃什麼他從來不挑剔，東西壞了，他總是修修補補後繼續使用。他知道家裏的生活狀況，不願意為家人增加一點點麻煩和負擔。他把吃飯、睡覺、做家務以外的所有時間都用來學習，看書和思考就是他最大的樂趣。

初中還沒有畢業，媽媽就因病去世了。媽媽的離開對陳景潤打擊很大——從此再沒有人會關心他吃飯的時候會不會燙嘴、會不會噎著，再沒有人會關心他夜晚出門看書會不會著涼了。原本就少言寡語的陳景潤更加沉默了，只有沉浸在書裏，他才會忘記喪母的哀痛。

初中畢業後，陳景潤被英華中學錄取了。這是當時福州最好的一所中學，校園的大門上裝飾著花環，中間懸掛著「唯我英華」四個大字。英華中學的環境非常優美，校園裏有寬大的操場，有很多枝葉繁茂的古榕樹，還有一幢白色的圖書館。

這幢藏書豐富的圖書館是英華中學最吸引陳景潤的地方。每天只要一走進圖書館，他就忘了身邊的一切，覺得自己是世界上最幸福的人。他像是一條小魚游進了大海，一邊驚訝於大海的遼闊，一邊盡情地在裏面嬉戲玩耍；寬闊的水域讓他有了更多新的發現，也有了更多新的思考。

有幾次，陳景潤坐在角落裏看書，圖書管理員在晚上時沒發現裏面還有人，就鎖上門下班了。等陳景潤發現天色已晚，該回家的時候，大門已經被鎖上了，他只好在圖書館的地板上睡了一夜。

第二天早晨圖書管理員開門時，看到地上躺著一個人，嚇得大叫起來。陳景潤被驚叫聲喚醒，不好意思地笑笑，起身上課去了。

陳景潤借的書很雜，只要是沒看過的書，不論什麼學科他都會借來看。《微積分學》、《達夫物理學》、《高等代數引論》、《郝克士大代數學》、《密爾根蓋爾實用物理學》、《實用力學》等專著就是在那個時候讀完的。有的書他一時不能讀懂，就過一段時間再借出來研究。《微積分學》他就借閱過兩次，其中的數學問題讓他很著迷。

因為整天埋頭看書，陳景潤練就了驚人的記憶力。有人不相信，專門去找陳景潤，要考考他。陳景潤自信地說：「我可以背出數學課本裏的每一道題。」大家拿出數學書，隨手翻開一頁就問陳景潤，無論大家問的是哪一頁的題目，陳景潤都能對答如流。

有一次，化學老師要求學生把一本書背下來。同學們都覺得不可能，只有陳景潤說：「這個很容易，只要多花些工夫就可以記下來。」果然，過了幾天，陳景潤就把整本書都背下來了。同學們很欽佩他，有同學還給他取了一個綽號，叫「陳布克」（布克，是英文單詞 booker 的音譯），意思是可以當書用的人。

一個能把數學書背下來的人不一定是個非常聰明的人，但一定是個異常勤奮的人。與陳景潤相處久了，大家便不再叫這個衣著破舊、沉默寡言的同學書獃子，而是親切地叫他陳布克。愈來愈多的同學遇到不懂的問題就去找他，因為陳景潤總會耐心地一一為大家解答，如果他自己也不懂，就坦誠地說不知道，然後繼續去查資料，找解決辦法。

陳景潤曾經在一篇文章中寫道：「我讀書不滿足於讀懂，而是要把讀懂的東西背得滾瓜爛熟，熟能生巧嘛！我國著名的文學家魯迅先生把他搞文學創作的經驗總結成四句話：靜觀默察，爛熟於心，然後凝神結想，一揮而就。當時我走的就是這樣一條路子，真是所見略同！當時我能把數、理、化的許多概念、公式、定理，一一裝在自己的腦海裏，隨時拈來應用。」

正是因為陳景潤有這樣的付出和積累，才為他後來的研究打下了堅實的基礎。

英華中學教過陳景潤的幾個數學老師都是有名的嚴師，他們對學生的培養從不局限在課堂內的教學，而是更注重培養學生的學習習慣和思考能力。陳金華老師就是其中的一位，陳景潤經常向他請教數學問題。

每天傍晚放學後，陳景潤都要再向陳金華老師請教幾個問題，陳老師看陳景潤對數學有濃厚的興趣，就指導他看了許多參考書。陳景潤看書很快，他幾乎看完了學校圖書館裏所有和數學有關的大學教材，又從陳老師那裏借書看。陳老師把自己的藏書《集合論初步》、《微分學問題詳解》等借給陳景潤，讓他在數學方面進行了超前的學習。這些書的內容超出了中學的學習難度，但陳景潤毫不畏懼，他津津有味地一讀再讀，不懂的地方就去向老師求教。

戰爭時期，不少人到福州避難，學校也因此有機會請到很多知名學者和專業人士來學校任教。沈元教授就是其中的一位。沈元是留英博士，清華大學航空工程學系主任。一九四八年他回到福州為父親奔喪後，因為戰爭使得南北交通中斷而暫時留在了福州。

沈元老師非常博學，而且願意給中學生上課。他在課上很喜歡給學生講一些和數學有關的故事，不喜歡數學的同學都聽得津津有味，陳景潤就更入迷了。

有一次，有同學問：「沈老師，我們現在學的都是外國人研究出來的數學定理，中國人有數學定理嗎？」

沈元老師肯定地說：「有。我國有一本古籍《孫子算經》，裏面記載了一個餘數定理，這就是中國首創的一條定理，據說，韓信大將軍曾經用它來點兵。後來傳到西方，被稱為『孫子定理』。」

沈元老師說完，就出了一道「韓信點兵」的數學題給大家做。當大家還在埋頭演算的時候，陳景潤已經舉起了手。沈元老師示意他說出答案，陳景潤小聲說：「五十三。」

全班譁然，很多人不相信陳景潤那麼快就算出了結果。沈元老師也饒有興味地問他：「說說看，你是怎麼算出來的？」

陳景潤的臉紅了，他囁嚅了一會兒，問：「我……我可以在黑板上寫出來嗎？」

沈元老師點點頭。陳景潤連忙走到黑板前，飛快地寫下自己演算的步驟。於是沈元老師指著陳景潤的演算步驟，給大家講了一遍「韓信點兵」的算法。看大家意猶未盡，沈元老師又引經據典地繼續說：「中國古代有很多有名的數學家。比如寫了《數書九章》的南宋大數學家秦九韶，寫了《四元玉鑑》的元代大數學家朱世傑。中國人有數學天賦，可是明清以後我們的研究就落後了。」

大家聽了，紛紛議論起來，沈元老師的課讓年輕的同學們熱血沸騰，大家摩拳擦掌躍躍欲試，希望能在數學領域有所發現。

一天，沈元老師興致勃勃地給大家講了一道著名的數學難題。

據說當年俄國的彼得大帝要興建彼得堡，聘請了一大批歐洲的大科學家。其中，有一位意大利的數學家歐拉，還有一位德國數學家哥德巴赫。

哥德巴赫一六九〇年生於普魯士柯尼斯堡，曾就讀於柯尼斯堡大學，學習法學和數學。一七二五年他定居俄國，成為聖彼得堡帝國科學院的數學教授，一七二八年擔任了彼得二世的宮廷教師。

一七四二年，哥德巴赫發現每一個大偶數都可以寫成兩個質數的和。他對許多偶數進行檢驗後發現了這一規律。因為這一結論沒有經過證明，只能稱為「猜想」，於是，他給歐拉寫信，希望他能證明「任何一個大於2的偶數都是兩個質數之和」。可惜，歐拉直到去世也沒能證明這個猜想。於是，從這一猜想提出後的兩百多年來，很多學者對此進行過研究和討論。

沈元老師告訴大家，如果說自然科學的皇后是數學，數學的皇冠是數論，那麼哥德巴赫猜想就是這頂數學王冠上的明珠。沈元老師接著說：「奇數、偶數、質數、複數的知識小學生都明白，這個猜想描述起來非常簡單，但這道題卻很難。兩百多年過去了，它仍然只是一個猜想。如果有誰能完成的話，那可了不得啊！」

同學們都興奮地議論起來：偶數就是能被2整除的數，不能被2整除的數就是奇數。質數就是除了1和它本身以外不能被其他正整數整除的數，比如2、3、5、7、11。複合數就是除1和它本身以外還能被別的正整數除盡的數，像4、6、8、9、10。這些知識我們都知道呀，這有什麼了不得的？我們能做出來！

聽到大家的議論，沈元老師笑著說：「那好啊，我昨天晚上做了一個夢，夢見你們中的一個同學，證明了哥德巴赫猜想，摘取了這顆明珠。」

聽沈元老師這麼一說，同學們的興致更高了，他們熱烈地討論著。只有陳景潤沒有說話，他向來不習慣在大庭廣眾之下表達自己的願望和想法。他每天沉浸在自己的世界裏，很少和別人交流，也很少表露自己的觀點。這一天，是陳景潤第一次聽到哥德巴赫猜想，這個世界難題從此深深地印在了他的記憶裏。

第二天，有幾個同學拿出作業本，對沈元老師說：「老師，我們證明出哥德巴赫猜想了。」

沈元老師嘿嘿一笑，把他們的作業本撥到一邊：「我是不會看你們的本子的。你們這麼做，就是騎著自行車到月球上去。哥德巴赫猜想沒那麼簡單就能證明出來的，不要白費力氣。」

雖然那幾個同學不服氣，但他們也知道既然是一個世界難題，就沒有那麼輕易被攻克。陳景潤沒有參與他們的演算，讀了那麼多的數學專著後，他明白了一個道理：這些看上去很簡單的數字裏，蘊藏著極為玄妙的規律，而這些規律就像星星點點的沙金，藏在浩瀚的沙漠裏，要花費很大的力氣才能一點一點找出來。

## 廈大「黑衣人」

一九四九年，中華人民共和國成立了，陳景潤所在的班級被命名為「朝陽班」，他和大家一樣，對未來有了更多的期望。

然而，因為家庭貧困，父親沒有辦法籌集到高三的學費，高二結束後，陳景潤輟學了。雖然不能到學校去，但陳景潤並沒有放棄學習。他借來高三的課本，一有時間就自學。儘管不能坐在教室裏，但只要捧起書本，陳景潤馬上就沉浸在知識的海洋裏，專注而努力地去探索未知的世界。

一九五〇年五月，中共中央人民政府教育部發佈了《關於高等學校一九五〇年度暑期招考新生的規定》。規定中提到：凡有高級中學畢業的同等學力，而又持有必要的證明者，可報名投考。在當時，百廢待興，國家急需培養大量的人才參與建設。

陳金華老師看到這條規定後立即通知了陳景潤：「你有機會考大學了！」

陳景潤不相信，他苦笑著說：「老師，我連高三都沒機會上，怎麼可能去考大學。」

陳老師連忙解釋道：「你雖然沒有上高三，但一直在家自學。同等學力的意思就是，儘管你沒有高三的學歷，但你掌握了高三的知識，就具有相同的能力。我會讓學校給你出具一個證明材料，你用這個證明材料去報考。」

陳景潤連忙點點頭說：「謝謝老師！謝謝老師！我一定好好考。」

幾天後，陳景潤在陳老師的幫助下，用同等學力的身分報考了廈門大學數理系。距離考試沒有多少時間了，報名回家後的陳景潤立刻開始準備考試。這是一次能接近自己鑽研數學理想的機會，陳景潤想，自己拚了命也要抓住它。

家裏人都為陳景潤有這樣一次機會感到高興，但看到他不分晝夜地複習，又開始為他的健康擔心。夜深了，每次看到陳景潤又悄悄躲在被窩裏看書，姊姊都心疼地說：「該休息了。」

陳景潤總是笑笑說「我沒事」，馬上又沉浸在書本中。只要捧起書本，陳景潤似乎永遠不知道什麼是疲倦。

考試結束後不久，錄取名單就在報上公佈了。陳景潤成績優異，被廈門大學和私立福建學院同時錄取。陳景潤最終選擇了廈門大學，可以專門學習自己喜愛的數學讓他興奮不已。

家裏人得知他被錄取了，都很高興。但起初家人並不支持他去廈門大學。家裏條件不好，如果到廈門去上學，就得添置衣服被子，還要籌集路費；而如果去私立福建學院就近上學，則能省些開支，家人還能互相照應。再者，當時廈門距離國民黨控制的金門島很近，聽說那裏時常聽到砲聲，家裏人覺得不安全。

可是，那時私立福建學院只有政法、工商、經濟和企業管理等幾個專業，留在福州讀大學就意味著不能讀數學專業，不能去研究那些有意思的問題。平時不愛說話的陳景潤這一次無論如何都不同意，他倔強地說：「只要可以讀數學專業，我走路也要走到廈大去。」家裏人實在拗不過他，開始為他準備行裝。

嫂子拿出自己的積蓄給他做路費，哥哥給了他一件半新的大衣。陳景潤就帶著這件大衣，提著一個籐編的小箱子和一捲鋪蓋，踏上了去廈門的求學之路。

雖然中華人民共和國已經成立了，但因為臨近金門島，福建沿海地區依然充滿著戰爭氣氛。從福州到廈門的汽車為了安全只能走走停停。白天，汽車上插滿了樹枝做偽裝；夜晚，車子不敢開燈，只能在狹窄的山路上緩緩行駛。在坑坑窪窪的路面上顛簸了一週後，陳景潤終於到了廈門大學。

廈門大學是著名華僑陳嘉庚先生在一九二一年創辦的，是中國近代教育史上第一所由華僑創辦的大學。這所學校師資力量雄厚，有豐富的辦學經驗，先後為國家培養了很多人才。廈門大學的校風嚴謹，時任校長王亞南要求全校學生必須認真學習。這樣的要求對陳景潤來說並不特別，他覺得大學就應該這樣。進入數學系的陳景潤很快就適應了這裏的環境。

大學生活開始了，陳景潤也開始了每天宿舍、食堂、教室、閱覽室的生活。在同學的印象裏，他總是穿一件黑色的衣服，戴一頂黑色的帽子，穿一雙黑色的鞋，抱著書匆匆走過像一個神祕的「黑衣人」。這樣的生活就像數學公式一樣固定不變。有人用十個字來概括陳景潤在廈門大學的學習生活，那就是「家境貧困而又醉心學業」。

大學期間的陳景潤非常節儉，除了購買生活必需品，他從來都捨不得多花一分錢。學校每週放一次電影，票價是五分錢，陳景潤一次也沒有去看過。他每個月只用三四元錢的伙食費，每天吃兩頓飯，幾乎頓頓都是饅頭和鹹菜。他覺得這樣既可以省錢，也節約時間。大家勸他注意身體，陳景潤卻笑著說：「飯可以不吃，但書不能不念。」

陳景潤很少買衣服。即使要買，也是請同學代買回來，有時不合身也不計較。他只買黑色和藍色的衣服，覺得深色的衣服洗起來容易。洗衣服的時候擔心衣服會洗壞，他便把衣服放在水裏浸一下，抖一抖就晾曬起來。他把節省下來的錢都買了書和資料，還買了一個手電筒，好在晚上熄燈後看書。

風景秀麗的鼓浪嶼就在學校對面，聞名海外的南普陀寺也近在咫尺，但陳景潤一次也沒有去過。韓戰爆發後，學校出於安全考慮，讓全體師生步行三百里到龍岩上課。上課的地方附近有個集市，步行過去只要二十分鐘，課間休息時很多人會到那裏去逛一逛，陳景潤卻很少去。他恨不得把睡覺的時間都用來學習，根本捨不得閒逛。有時，他在閱覽室看書看得入了迷，連吃飯的鐘聲也聽不到。

龍岩的生活條件很差，幾十個同學擠在一個叫「樂逸堂」的祠堂裏。屋子小，大家只能睡在一個大通鋪上。每天早晨，男同學起來後會到打穀場上打籃球，只有陳景潤拿著一本袖珍版的《英漢四用詞典》到田野裏去背。有同學叫他打球，他總是笑一笑走開。傍晚，大家喜歡到田間去散步，陳景潤就躲在昏暗的房間裏看書。

有一次午飯時間，突然下雨了，同學們從食堂出來後都飛快地往宿舍跑，只有陳景潤還慢慢地走在雨裏，思考著他正在研究的問題。等他回到宿舍時，全身都溼透了。同學問他：「你怎麼不避雨？」陳景潤這才意識到外面在下雨，他也覺得奇怪：「什麼時候下的雨，我怎麼沒感覺到呢？」

廈大數理系很重視外語學習，三年級的一些課程使用的是外文教材，此外還要求學生至少要能閱讀一種外文專業書籍。陳景潤在中學時英語程度不錯，但口語並不算好，交流的時候難免結結巴巴。於是，他便尋找一切機會提高自己的口語水準。

數理系有一位法國老師沙鵬，不會漢語，講課的時候用英語。但因為他娶了一個福州姑娘為妻，學會了一點福州話。陳景潤偶然發現沙鵬老師能說幾句福州話後，就大膽地用英語和他交談，表達不清楚的地方用福州話補充。陳景潤常常和沙鵬老師一起走在鄉間小道上，用英語夾雜著福州話進行交流。沙鵬老師對數論也頗有研究，倆人經常一聊好幾個小時。

陳景潤的英語程度因此而得到了飛速的提高，但他並不滿足於此。圖書館裏有不少外語書，他希望自己能讀懂更多的書。經過刻苦學習，陳景潤又初步掌握了俄語。幾十年後，他能用英語和俄語寫出多元複變函數論的專著，就來源於大學時的苦讀。

大學期間，陳景潤抓緊一分一秒的時間學習，貪婪地閱讀了大量文獻資料。他的口袋裏常常裝著幾張紙，一枝筆，有空就拿出來演算。為了省紙，他都是先在糙紙上做運算，然後在好一點的紙上寫下簡單的答案。陳景潤把課本上的習題全部做完後，還會再找題目來練習。每天這樣學習要花費很多時間，課間休息，吃飯前後，等待開會的零碎時間，都是他的演算時間。有同學邀他打撲克或是聊天，他都搖搖頭拒絕了。久而久之，也就沒有人來約他玩了。

晚上，雖然寢室裏不限制開燈時間，但為了不影響大家休息，夜深後，陳景潤就打著手電筒在被窩裏讀書。這樣的習慣一直伴隨了他很多年。

陳景潤喜歡深入地思考問題，而不輕易地相信一個結論。凡是數學上沒有經過嚴格證明的，哪怕一般人認為是正確的結論，他也不盲從，一定要自己重新演算。在大學裏養成的這個習慣，成了陳景潤今後從事科學研究取得成績的重要條件之一。

看到陳景潤如此勤奮，同學們送了他一個外號「愛因斯坦」。大家覺得陳景潤雖然沒有科學家愛因斯坦那樣的成績和貢獻，但對學業的執著和鑽研精神與科學家愛因斯坦是一樣的。

有一次，一個同學看到陳景潤在埋頭演算，就問他：「愛因斯坦，你在算什麼？」

陳景潤把正在演算的草稿紙遞給這個同學，只見紙的上方寫著：「三角形兩邊之和不一定大於第三邊。」下面已經密密麻麻寫了很多算式。

這個同學哈哈大笑：「三角形的兩邊之和大於第三邊是眾所周知的幾何定理，你怎麼可能否定呢？」

陳景潤並不辯解，他拿過草稿紙繼續演算，但演算了很長時間都沒有得到滿意的答案。最終，他去請教了一個研究生，終於明白自己的這次證明是錯誤的。但陳景潤並不後悔，因為經過這次演算，他對這一定理的認識又深入了一步。

學習就是一個不斷探索、不斷發現的過程，發現自己的錯誤也是一種進步。陳景潤遨遊在數學王國中，在這條路上樂此不疲地攀登著，絲毫沒有覺得苦和累。每一個成功的科學家都有著某些相同的品質。他們敢於質疑，敢於探索，能夠忍受常人難以忍受的寂寞，以及在科學的高峰上一步步攀登的艱辛。

## 影響一生的恩師

陳景潤這一屆學生是中華人民共和國成立後廈門大學的第一屆學生，學校對他們的培養非常重視。數理系二年級分組時，陳景潤分在了數學組，組裏只有四個同學，卻有四個教授和一個助教指導他們學習。因為國家急需人才，教育部要求這一屆學生提前一年畢業，這就意味著他們的學制縮短了一年。雖然學習時間縮短了，但廈門大學並沒有減少課程，還是為四個學生安排了相當於四年制的全部基礎課，並為他們配備了最好的老師，由系主任方德植教授、留學日本歸來的李文清教授等親自授課。陳景潤在這裏遇到了幾位影響他一生的好老師。

系主任方德植教授給他們上的是「高等微積分」和「高等幾何」。方老師學識淵博，上課的時候常常會提到中國古代數學家楊輝和德國數學家高斯，用他們的成就和事蹟勉勵大家努力學習。

德國數學家高斯出生在鄉下一個貧苦的家庭，他的父親是一家雜貨鋪的算賬先生。在高斯的童年時代，父親常常會把自己在工作中積累的一些簡便算法講給他聽，這使他從小就對數學產生了興趣。

一天，高斯的老師在黑板上寫下一個題目：「1+2+3+……+100=？」讓學生們自己算。大家還在埋頭計算，高斯已經舉起了手：「老師，我算完了。答案是五千零五十。」

見老師不肯相信他那麼快就算出答案，高斯解釋說：「這個題目的一頭一尾兩個數相加都是一百零一，總共有五十個一百零一，所以答案就是五千零五十。」高斯在十七歲時就發現了數論中的二次互反律，此後更是成為和牛頓、阿基米德齊名的三大數學家之一，被稱為「數學王子」。

陳景潤對方德植老師講的這些故事非常著迷，這些數學家的故事鼓舞著他去探求數學王國裏的奧祕。他深知，那些讓人們羨慕和崇拜的成就背後，凝聚著數學家們無數的心血和汗水。他告訴自己，一定要更加努力才能有所成就。

方老師常常對同學們說：「學數學要打好基礎，科學研究必須循序漸進，基礎不好就不能有所創造。勤做題是很重要的，但必須掌握兩條：一條是要加強對書本中的基本概念和定律的理解；另一條是要訓練運算技巧和邏輯推理。離開了這兩條，數學是學不好的。」

有一次考試，陳景潤的成績不錯，但方老師發現陳景潤的試卷寫得很亂，就把他叫到了辦公室。

方老師問陳景潤：「你都學懂了嗎？」

陳景潤點點頭，不知道老師為什麼要這麼問。

方老師拿出一沓白紙遞給陳景潤：「你要是懂了，就把這些題目再做一次給我看，寫清楚些。」

陳景潤拿過那沓紙，飛快地演算起來。很快，他完成了所有的試題，自信地交給老師。

方老師接過去，一個題目一個題目仔細看了一遍，在上面打了九十八分，然後遞給陳景潤，問道：「知道我為什麼要你當著我的面再做一遍嗎？」

陳景潤疑惑地搖搖頭。方老師拿出陳景潤的那張試卷說：「今天你回答得全對，但你寫得不清楚，字跡混亂，所以扣了兩分。如果不是讓你在這裏再做一遍，你原來這張試卷就不及格了，因為這張試卷根本就看不清寫了什麼。字要寫得讓人家看懂，以後搞研究出了成果，不會表達，寫不清楚，總是個問題。」

陳景潤連忙說：「我以後一定寫清楚。」

廈門大學的老師不僅注意傳授知識，還在研究方法和態度上對學生們進行培養。教授複變函數論的老師告訴他們，對於一個數學工作者來說，要堅持做到兩條：一是打好基礎，特別是學好函數論；二是要學會寫論文，在前人的基礎上積極思考，大膽探索。這個老師的觀點深深地影響了陳景潤。他開始學習把自己思考的要點記錄下來，學習用論文總結自己的發現。

陳景潤遇到的另一個良師是李文清教授，他為這一屆學生開設的是數論課。李文清曾經留學日本，他深入淺出地給學生們介紹了數論史和日本高木貞治的《初等數論》。陳景潤對數論的很多認識都來自這門課，可以說這門課為他打開了一扇瞭望數論領域的窗戶。

李文清常常給學生們講印度數學家斯里尼瓦瑟．拉馬努金的故事。在十九世紀末和二十世紀初，西方學者瞧不起東方學者，認為西方智慧比東方高。年輕的拉馬努金沒有讀完大學就到一個稅務機關去工作了，他聽到這些言論後，暗暗下決心要為東方人爭光。他拚命鑽研，在包裏放一本《微積分》，有空就拿出來演算。後來，他從自己做過的習題裏選擇了一百二十道題寄給英國劍橋大學著名的數學家哈代，哈代發現拉馬努金有一定的數學才能，於是幫助他成了有名的數學家。這個故事對陳景潤觸動很大，他希望自己也能像拉馬努金一樣為自己的國家爭光，為東方的數學研究做出貢獻。

李文清還喜歡給他們講數論史上未能解決的問題。其中一個問題就是哥德巴赫猜想。自從哥德巴赫提出之後的兩百多年中都沒有人能夠完全解決它。李文清對同學們說：「我們班要是有誰能解決其中一個問題，那就是對世界了不起的貢獻。」

同學們都笑了起來，陳景潤沒有笑。

這是陳景潤第二次聽到了哥德巴赫猜想這個問題，他不清楚解決這個問題有多難，但在學習了更多數學知識，演算了更多習題之後，他有些躍躍欲試。他好像看到遠處有一座高高聳立的山峰，正等待著他去攀登。

在老師們的言傳身教下，陳景潤漸漸明確了自己的理想，他知道，為了實現數學研究的夢想，必須先經過嚴格訓練，打好基礎，而最終只有付出常人無法想像的努力和勞動，才能攀上科學的高峰。

對陳景潤影響和幫助最大的老師還有廈門大學的校長王亞南。雖然王校長沒有給他們上過課，但對於陳景潤這個勤奮好學的學生，王校長早有耳聞。

一次，幾個同學找到王校長，向他投訴：「陳景潤不洗臉刷牙，不愛換洗衣服，不按時就寢，也不打掃宿舍衛生，和他住在一起嚴重影響了我們的日常生活。」

王校長安撫了來投訴的這幾個同學後，找來了陳景潤。他先問了陳景潤的學習情況，然後耐心地對他說：「人的一生中有很多重要的事情要做，但首先要做的是照顧好自己。生活要規律，才能有健康的身體。身體好了，才有力氣去學習和工作。」

陳景潤回去後，在同學們的督促下，開始學著注意自己的個人衛生，遵守作息時間，此後再也沒人投訴他。

## 不會講課的老師

一九五三年，由於國家建設的需要，陳景潤這屆大學生提前一年畢業了。他被分配到北京四中任教，擔任數學老師。

有人很羨慕他：「陳景潤，北京可是首都啊，你真是太幸運了。」

也有人勸他：「聽說北京的冬天很冷，北京人到冬天的時候就要用布把臉捂上，用棉花把耳朵包起來，要不然鼻子和耳朵都會被凍掉。你一個南方人肯定不習慣，還是不要去了吧。」

年輕的陳景潤並不畏懼寒冷，他考慮得更多的是，在新的環境中是否能繼續研究自己喜歡的數學。在一個冬天的早晨，他提著滿滿一箱書，踏上了開往北京的火車。

北京的冬天確實比南方寒冷，但令陳景潤難以接受的不是天氣，而是新的工作安排。學校安排他教初中一年級的數學，教學內容雖然簡單，但對陳景潤來說卻困難重重。

首先，陳景潤說一口福建口音的普通話，北京的學生不一定能完全聽懂。其次，陳景潤沒有教學經驗，他不知道該怎麼把教學內容深入淺出地講解清楚。還有一個難以克服的困難是，陳景潤平時很少說話，多說幾句嗓子就會疼。

為了上好第一節課，陳景潤花了幾天時間準備。他設計了很多種方案，試想自己站在講台上該如何表現。但真正走上講台後，原來設計的方案似乎都忘了，腦子裏一片空白，只能按照自己的理解往下講。

講了一會兒，陳景潤的嗓子就火燒火燎地疼。但他不敢停下，他擔心停下以後再也沒有勇氣繼續往下講。雖然是冬天，但陳景潤的汗水順著臉頰一滴一滴流下來，滴落在講台上。

課上到一半的時候，同學們開始交頭接耳，悄悄議論起來。

「這個老師好奇怪，他說的普通話真難懂。」

「他講得好難啊，課本上好像不是這樣寫的。」

「如果他一直教我們，那我的數學成績肯定好不了。」

陳景潤聽到了他們的議論，但他不知道該怎麼制止，也不知道該怎麼跟他們溝通。他的語速更快了，心裏只希望下課鈴聲早一點響起。

一個膽大的男生站了起來，對陳景潤說：「陳老師，您的課我們聽不懂。您能用普通話講嗎？」

陳景潤目瞪口呆地看著他，不知道該怎麼回答。

又一個女生站了起來：「陳老師，您講得太深了，我們理解不了。」更多的同學坐在座位上大聲地說出自己的意見，整個教室亂成一團。陳景潤手足無措地站在講台上，在下課鈴響起的一瞬衝出了教室。

回到宿舍後，陳景潤不停地責備自己：「你這個笨蛋！連中學數學都講不清楚。你沒有資格做老師，你真是個笨蛋！」

陳景潤覺得所有的問題都是自己做得不夠好，他不敢和其他老師交流，也不知道怎樣提高自己的教學能力。每次鼓起勇氣走進教室時，他都跟自己說：「千萬不能像上一節課那樣，這回一定要講清楚。」可是，一站到講台上，他又變得不自信了，備課時做的方案全都忘了。

一段時間以後，擔心、焦慮、長時間營養不良等引起的不適全面爆發，每天下午，陳景潤都會發燒。醫生診斷後說：「你得了肺結核，還有急性腹痛，必須馬上住院治療。」

陳景潤不肯，他央求醫生：「醫生，我不能住院，我下午還有課，我必須馬上回去。」醫生告訴他：「如果不住院，你會有生命危險。我這就給你的學校打電話，我想他們會同意的。」

這一年中，陳景潤住院六次，做了三回手術。

醫院旁有一家書店，住院期間，他常常趁醫生和護士不注意，偷偷溜出去，到那家書店去看書。

有一天，陳景潤在書店買到了華羅庚教授的《堆壘素數論》。他把這本書帶進病房，醫生和護士查房的時候就把書藏在枕頭下面。有了書，住院的日子似乎也沒那麼難熬了。

陳景潤這一年中的大部份時間都在住院，病情時好時壞。他擔心自己住院時間太久，學校會辭退他。於是只要有機會他就懇求醫生讓他出院。最後一次住院的時候，雖然醫生沒有同意出院，但陳景潤還是收拾好自己的東西回到了學校。

正像陳景潤擔心的那樣，因為長時間離開教學崗位，學校已經請其他老師代替了他的工作。學校給他的建議是：回家養病。

陳景潤知道這意味著他可能要失去這份工作，但他不知道該怎麼辯解，也不知道怎樣才能留下。一九五四年十月，學校最終不再續聘他，陳景潤收拾好自己簡單的行李，回到了福州。

陳景潤回家後只說學校讓他回來養病。然而幾個月時間過去了，都沒見他提到任何關於學校或者工資的事。家裏人雖然猜到了些什麼，但為了不讓他難過，誰也沒開口問。

家裏的經濟情況依然不容樂觀，弟弟妹妹三人還在上學，再加上陳景潤要買藥治療，只靠父親的工資實在難以維持。

陳景潤第一次意識到錢的重要性：有了錢，家人就能夠吃得好一點，有了錢，就能夠治好自己的病，有了錢，就能夠讓父親不要像現在這樣辛苦……可是，自己什麼技能也沒有，到哪裏去掙錢呢？

陳景潤苦苦思索了幾天後想到，自己這幾年就跟書打交道了，何不擺一個書攤？這樣不僅能掙點錢，還可以在守攤的時候看看書。

第二天，陳景潤從家裏搬出一張小桌子放在街邊，從自己這些年買的書裏挑了一些，大哥給了他一些書，父親又湊錢買了一些連環畫，他的書攤就這樣開業了。可開業好幾天，小攤才收入了幾毛錢，只勉強夠他一天的開支。

看到陳景潤坐在街邊料理著他的書攤，家裏人都很難過。他們想勸陳景潤不要擺攤，但卻又找不到適合他的工作。陳景潤卻比大家都坦然，他大方地坐在小凳子上，在書攤前專心地看著自己的書。生活的困頓並沒有讓陳景潤覺得難堪，但從此不能再專心研究數學問題卻讓他痛苦不已。他常常一個人發呆，懷念那些在校園裏讀書的日子。

大哥看到陳景潤總是一個人呆呆坐著，很是心疼。一次偶然的機會，他遇到了廈門大學的校長王亞南，將弟弟的情況告訴了王校長。得知陳景潤的遭遇後，王校長的內心非常不安：在國家急需人才的時候，一個廈門大學的高材生竟然在街邊擺攤。王校長意識到，自己有責任讓這個學生在合適的崗位上發揮才能。他立刻開始為陳景潤的工作四處奔走。

王校長幾經周折，花費了近一年的時間，終於把陳景潤調回了廈門大學。陳景潤到廈大後，王校長專門找到他，問道：「你有什麼打算？」

謝過王校長之後，不善言辭的陳景潤磕磕巴巴地說：「我最喜歡的是數學。只要讓我研究和學習數學，幹什麼我都願意。」

學校安排陳景潤到圖書館工作，管理數學系圖書資料閱覽室。這份工作強度不大，有很多資料可以看，陳景潤高興得連連鞠躬。

為了不讓其他人打擾陳景潤的研究工作，王校長特意交代圖書館的主管，不要給陳景潤安排太多工作，不要過多打擾他，要讓他專心研究數學。

不久，學校又安排陳景潤在數學系做教學輔助人員，讓他能夠接觸到更多和數學有關的工作。陳景潤負責一個班的函數論習題課，在系裏的幫助下，他對上課也不再像以前那樣恐懼。

一個不會上課的老師是不幸的，但他卻幸運地遇到了一個愛惜人才的校長，這讓他的才華得以發揮。幾年後，陳景潤在數學研究中取得了一定的成績，中國科學院數學所邀請他到北京去工作。王亞南校長十分高興，鼓勵他到北京去專心研究破解數學難題。

多年以後，當陳景潤再次回到母校時，王校長已經去世。他回憶起當年的情景時，深情地說：「我非常非常想念王校長，非常感激王校長對我的培養和教育。」

# 勤業齋裏追夢

回到廈門大學後，經歷過人生變故後的陳景潤更加珍惜來之不易的學習條件，恨不得把所有的時間都花在數學研究中。

每天上班做好日常的工作後，還有大量的時間可以看書。他如飢似渴地讀著數學專業的書籍和期刊，掌握了大量最新的知識與資訊。就在這段時間，他開始研究世界級的數學難題。但陳景潤的所有研究工作都是悄悄進行的，他沒有告訴任何人他在做什麼。他擔心別人知道自己的研究內容後會說自己不自量力，更擔心自己沒有能力完成研究。

陳景潤住在勤業齋十六號。那是一座矮小的樓房，屋後是一座一年四季蒼翠的山峰，距離大海也不遠，環境安靜，空氣清新。住在這裏的大部份是單身職工，每人有一個小房間。因為房屋四面環繞分佈，鄰居們戲稱這裏是「集中營」，大家有空就去海邊游泳、閒逛、曬太陽，很少待在屋裏。只有陳景潤每天關著門，沉浸在自己的數學海洋裏。

每天到了吃飯的時候，住在勤業齋的人就喜歡聚在芭蕉樹下或是竹子下的石桌旁，邊吃邊聊天。陳景潤則每天從食堂打飯回來後，就把自己關進屋裏。人們不知道他是在吃飯還是在演算，只能從他開門關門的一瞬看到屋子裏滿地都是塗寫過的紙片和紙團，桌上則堆滿了書籍和稿紙。

陳景潤依然和學生時代一樣沉醉於書海之中，他向原來的老師虛心請教，像個學生一樣學習。他找到大學時的老師李文清教授，經常向他請教問題，李老師向他推薦了華羅庚的《數論導引》等著作，陳景潤如獲至寶，反覆讀了幾十遍。與此同時，陳景潤還閱讀了大量中外的數學刊物，努力吸收研究成果，對每條定理都認真體會和理解，反覆進行演算。

為了抓緊時間學習，陳景潤像小時候一樣，把書拆開來，出門的時候放幾頁在衣袋裏，隨時隨地都拿出來閱讀。他用這樣的方法把華羅庚的《堆壘素數論》讀了三十多遍，對裏面的每一個公式和定理都進行了反覆的計算和核實。有人看到陳景潤衣袋裏的書頁，懷疑他把資料室的書弄壞了。陳景潤連忙解釋，這些都是他花錢買的書，而資料室的書他都保管得很好。

陳景潤對自己這種讀書方式的解釋是：「白天拆書，晚上裝書，我就像玩鐘錶那樣，白天把它拆開，晚上再一個原件、一個原件地裝回去，裝上了，你才懂了。」在這樣大量閱讀和思考的過程中，陳景潤開始對數論的一些問題有了自己的理解。

不知道辛苦了多少個日夜，他終於寫出了第一篇關於「他利（Tarry）問題」的論文，這篇論文讓陳景潤獲得了數學界的關注。他利問題是當時數論的中心問題之一，吸引著無數數論學者的關注。華羅庚在專著《堆壘素數論》和論文〈等冪和問題解數的研究〉中對這個問題進行過探討，但沒有得出結論，他期待著這個問題能夠得到進一步深入的研究。有人說，一個數學家一輩子有這一個發現，也算是幸運的。誰也沒想到僅讀過三年大學的陳景潤竟然取得了這麼大的突破。

在寫作這篇論文前，陳景潤非常猶豫，他的研究是在前人的基礎上更進一步，但前面的研究成果是華羅庚先生的，一個初出茅廬的研究者去推進華羅庚先生的研究，是不是有些不自量力？

陳景潤找到了李文清教授，說出了自己的忐忑和擔憂。李老師鼓勵他：「為什麼不可以推進前人的成果呢？你不必有顧慮。現有的數學名著都是著名數學家的研究成果，但如果後來的年輕人不敢再進一步研究，寫出論文，數學又怎麼能向前發展呢？」

經過老師的這番開導，陳景潤開始著手寫論文。那些日子他的生活裏只有「數論」兩個字，每天除了吃飯和睡覺的時間都在研究。數論的研究大多是極為抽象的演算。陳景潤埋頭書桌，在一次次推理和演算中跋涉著，小屋裏到處都是草稿紙。他沒時間去想自己正在攀登的山峰有多陡峭，只顧埋頭向上，一步一個腳印地往上爬。累了，就和衣躺一下，醒了，就接著幹活。聽到有人失眠，陳景潤說：「睡不著就意味著不需要睡覺，那就爬起來工作吧。」那段時間，他像是潛入了深海，看不到也聽不到水面上究竟發生了什麼。

論文終於完成了，這篇論文推進了數學家華羅庚的理論研究。李文清教授請其他教授閱讀後，確認了其觀點的正確性，便立即請人推薦給了華羅庚。華羅庚審閱完這篇論文後非常高興，當時正在召開全國第一次數學討論會，華羅庚打電報讓陳景潤到北京參加會議，在會上宣讀他的論文。

知道要去宣讀論文後，陳景潤非常緊張。他想到了自己曾經在北京四中上課失敗的經歷，擔心自己站在講台上又會語無倫次。他對和自己一起去北京的李文清教授說：「李老師，我的普通話不好，您替我去讀論文吧。」

「那怎麼行。」李文清安慰他說，「你的普通話只是帶點福州口音而已，宣讀的時候慢一點，大家就能聽懂了。」

陳景潤還是有些擔心：「要是我忘記了要講的內容怎麼辦？」

李老師笑著說：「你提前反覆讀你的論文，直到背熟，上了講台就不會緊張了。」

陳景潤想，也只有這個辦法了。他把這篇論文讀了很多遍，在去北京的路上也一直在讀。參加會議的頭一天晚上，他還在賓館的走廊裏讀。

第二天，當陳景潤走上講台時，他發現坐在下面的幾十個人都是數學家和專業的數學研究者，儘管已經把論文背得滾瓜爛熟，但他還是很緊張。

陳景潤結結巴巴地講了幾句，才想起來應該在黑板上寫下論文的題目，連忙轉身去寫。他寫完題目又講了幾句後，大腦裏居然一片空白，雙唇激烈地抖動起來。陳景潤實在講不下去了，他乾脆轉身在黑板上寫起了運算過程。

在場的人從未見過這樣的論文宣讀者，很多人的眼裏露出了懷疑的目光。

「這就是華羅庚極力推薦的陳景潤嗎？」

「這是論文宣讀還是演算？」

「他演算的是什麼？這沒頭沒腦的一黑板算式怎麼算是論文呢？」

滿頭大汗的陳景潤像個小學生一樣不知所措地站在台上，惶恐地看著台下的人。李文清教授連忙走上講台，對大家說：「陳景潤同志是我的學生，他不善於發言，我來代他宣讀論文。」

李文清讀完論文後，大家這才明白了這篇論文的內容。華羅庚走上講台，對陳景潤的成果進行了充份的肯定，還補充說明了這篇論文的意義。有了這兩位前輩的助力，陳景潤的第一次論文發佈終於圓滿結束。

這篇論文引起了國內數學界的重視。一九五六年八月二十四日的《人民日報》是這樣報導的：「從大學畢業才三年的陳景潤，在兩年的業餘時間裏，閱讀了華羅庚的大部份著作，他提出的一篇關於『他利問題』的論文，對華羅庚的研究結果有了一些推進。」這次亮相讓數學界的人對陳景潤有了一定的瞭解。華羅庚在自己的專著《堆壘素數論》再版時，吸收了陳景潤的成果，並在序言中對陳景潤表示了感謝。

論文發佈成功後，陳景潤再接再厲，在數論上的三角和估計等方面也展開了研究，很快就寫出了第二篇論文〈關於三角和的一個不等式〉，發表在《廈門大學學報》上。

陳景潤的成績讓華羅庚很驚喜，他建議讓陳景潤到中國科學院數學研究所工作。這個建議得到了廈門大學的大力支持，一九五七年九月，陳景潤又回到了北京，只不過這一次是去從事他所喜愛的數學研究。

## 煤油燈下的發現

中國科學院數學所是中國頂級的數學研究所，這裏集結了中國數學界的優秀人才。數學所的所長華羅庚對陳景潤的研究有著極高的評價，對於陳景潤的個性也有很大的理解和包容。華羅庚深深理解這個不善言辭的青年對科學研究的癡迷，他對自己的學生說：「我們應當注意到科學研究在深入而又深入的時候而出現的『怪癖』、『偏激』、『健忘』、『似癡若愚』，不對具體的人進行具體的分析是不合乎辯證法的。」

陳景潤在數學所的工作就是研究數學，他對很多數學問題尤其是數論方面的問題都很感興趣。在選擇了數論為研究方向後，陳景潤開始了夜以繼日的研究。

有一次，有人在一篇論文中提出，一個十階行列式計算的結果等於零。多年的學術研究讓陳景潤不會輕易相信某個結論，他和所裏的同事談到這個問題，大家都覺得沒有辦法驗證。因為這個問題如果硬算的話，單是乘法要算三百六十萬項以上，就算一分鐘算一次乘法，一天算十個小時，也要算十多年。

令人沒有想到的是，一個月以後，陳景潤告訴大家：「我算出來了，結果就是零。」正常人要用十多年時間才能完成的演算，他卻憑著自己的毅力、耐心與過人的數學才能，在很短的時間內竟然完成了。

幾個月以後，陳景潤又提出了一個新的問題：「一個三元五次多項式，怎樣找出所有的解答？」

這個問題依然需要繁瑣的演算，大家都沒有勇氣去找出答案。陳景潤又用了一個月的時間進行演算後，告訴大家：「全部答案都找到了。」同事們很驚訝，問他怎麼找到的。陳景潤坦誠地說：「找到一個就少一個，一個個找，就是要肯花時間。要做這種問題，就得拚命。」

陳景潤研究數學的那種毅力和他所付出的辛苦是常人難以想像的，他一直在以一種衝刺的速度進行研究，毫不顧惜自己的身體。

剛到北京的陳景潤住進了集體宿舍，習慣了獨自一人學習和研究的陳景潤一時之間很難適應。他不想打擾別人，但又想儘快推進自己的研究。思前想後，陳景潤最終跟同宿舍的人商量：他住進裏面三平方公尺的衛生間，讓大家需要方便的時候到對門去。同宿舍的人都同意了，陳景潤於是搬進了狹小的衛生間。

這個小小的衛生間，陳景潤一住就是兩年，他在這裏解決了著名的世界級數論難題「華林問題」。

這個只有三平方公尺的衛生間，一個人住在裏面也顯得擁擠。更糟糕的是，這裏沒有暖氣。北方的冬天滴水成冰，夜裏非常寒冷。陳景潤在屋子中央掛了一個很大的燈泡，既可以照明，又可以取暖。但即使這樣，冬天的夜裏，依然要把全部衣服穿上才能繼續看書。

為了禦寒，陳景潤想到了自己製作棉衣。他買來棉花，把棉花撕開後均勻地鋪在一件衣服上，然後在上面放上另一件衣服，再用針線把兩件衣服縫合在一起。可惜那雙握筆的手無法靈巧地縫衣服，這件棉衣最終沒有製作成功。

白天，陳景潤幾乎都泡在圖書館裏，連中午吃飯都不肯到食堂去，餓了就啃幾口饅頭，省下時間看書。中科院數學所的圖書館是一幢舊式小樓，有一次，陳景潤一直埋頭看書，所有人都走了，圖書館閉館的鈴聲響了他都不知道。等到天完全黑了，書上的字已經看不見時，他才發現圖書館的大門已經被鎖上了。

就是在這樣的條件下，一九五九年到一九六三年之間，陳景潤在《科學記錄》、《數學學報》等刊物上發表了一系列論文。這些文章的發表，讓陳景潤在中國數學界有了一定的知名度。大家驚訝地發現，這個外表邋遢、臉色蒼白的青年竟然對數學有著如此深入的理解，短時間內能取得如此多的成績。

但陳景潤對自己的成果並不滿足，數論領域中有更多的問題吸引著他的目光和腳步，他恨不得一天當作兩天用。

一個同鄉曾問陳景潤：「你到數學所的目標是什麼？」

一向少言寡語、說話謹慎的陳景潤突然激情澎湃地說：「『打倒』維諾格拉多夫！」

維諾格拉多夫是世界級的數學大師，他用篩法（這是研究數論的一種方法）證明了任何充份大的偶數都是一個質數及三個質數的乘積之和，即「1＋3」。他斷言，如果要往下推進，篩法已經不能使用了，要用新的方法。陳景潤不同意他的看法，他認為只要對「篩法」進行改進，就可以挑戰「1＋2」。

一九六二年，陳景潤開始進行「哥德巴赫猜想」研究。從中學時代第一次聽到哥德巴赫猜想至今十幾年過去了，陳景潤依然沒有忘記沈元老師說到這個數學難題時的情景。

世界上的很多數學家在數論著作中都對這個難題進行過討論。一九二〇年，挪威數學家布朗證明出了「每一個大偶數是兩個素因子都不超過九個的數之和」，即「9＋9」；一九二四年，德國數學家拉代馬哈證明了「7＋7」；一九三二年，英國數學家埃斯特曼證明了「6＋6」；一九三八年和一九四〇年蘇聯數學家布赫西塔布分別證明了「5＋5」和「4＋4」；一九五六年，中國數學家王元證明了「3＋4」，蘇聯數學家阿・維諾格拉多夫證明了「3＋3」；一九五七年，王元又證明了「2＋3」；一九六二年，中國數學家潘承洞證明了「1＋5」；一九六三年，潘承洞等幾個數學家都證明出了「1＋4」；一九六五年，蘇聯數學家阿・維諾格拉多夫、布赫西塔布和意大利數學家朋比尼證明了「1＋3」。哥德巴赫猜想即「1＋1」，以上這些都只是逐步向其靠近的證明過程，並不屬於哥德巴赫猜想本身。此時，距離最終的目標「1＋1」只有兩步了。但最後的兩步難度顯然更大，已經很長時間沒有人往前跨出一步。

這時的陳景潤住在一個原來設計為小鍋爐房的六平方公尺的房間裏。這個房間比原來他住的那個衛生間大一點，但裏面不僅沒有暖氣片，電線也被剪斷了。晚上沒有電燈，陳景潤只能在一盞小小的煤油燈下工作。他的書桌上堆滿了書籍，演算的時候就掀開褥子，趴在床板上工作。

陳景潤將生活中的所有要求都降到了最低。他每天的生活簡單而規律：清晨去食堂，打一壺水，買幾個饅頭和一點小菜，就回到小屋工作，傍晚，收聽完英語廣播後，再次投入工作直至深夜。他的衣服鞋襪只要不是破得不能穿就將就著。他像學生時代一樣穿著褪色的衣服，常常光腳穿一雙塑料涼鞋。涼鞋穿破了，鞋帶斷了，他就像穿拖鞋一樣穿。橡膠鞋破得露出了腳趾和後跟，他就用一塊紙板墊在裏面，湊合著穿。天冷的時候他也會穿襪子，但兩隻襪子的顏色是不一樣的，或者只穿了一隻襪子就出去。

陳景潤沒有覺得這樣的生活苦，那時候，他的世界裏除了數學以外，其他的一切似乎都不重要。

一九六五年，陳景潤證明了任何一個充份大的偶數，都可以表示為一個質數及一個不超過兩個質數的乘積之和，也就是「1＋2」。消息在一九六六年五月十五日的《科學通報》上發出後，當時中國國內只有少數幾個數論工作者瞭解這一發現的價值。國際數論界知道後，並不相信一個名不見經傳的中國年輕人能夠做出這一成績。當時世界上很多優秀的科學家都夢想能證明它，但努力了很多年還是一無所獲。於是，有人在書上公開表示這是不可能的。

陳景潤並不在意外界怎麼看待他的研究，他依然沉浸在數學的世界裏。他知道自己雖然得出了結論，但他現在的論文有兩百多頁，運算過程繁瑣，很多地方都需要打磨。於是，他繼續用盡全力對已有的研究進行簡化和完善。

又是幾年時間過去了，陳景潤終於把厚厚的一疊稿子交給了他信任的閔嗣鶴老師。這是一九七二年，國家正處於內亂中，科學研究受到了極大的干擾。但即使在這樣混亂的環境中，陳景潤依然專注地完成了自己的研究。

閔嗣鶴先生對數論的研究在國內首屈一指，他曾培養過攻克「1＋4」的潘承洞等人。拿到陳景潤的論文時他正生著病，但陳景潤的研究吸引著他一定要看完。閔先生花了三個月的時間才審閱完畢，得出的結論是：陳景潤的運算是正確的。

這篇論文還送給了數學所的王元教授審查。為了慎重起見，王元請陳景潤給他講了三天，然後又對其中的算式進行了演算覆核。在確定陳景潤研究的過程和結論都正確之後，才寫下了「未發現證明有錯誤」的審查意見。

一九七三年，陳景潤的論文〈大偶數表為一個素數及一個不超過二個素數的乘積之和〉在《中國科學》上全文發表，雖然這篇論文的題目和他在一九六六年發表的論文題目一樣，但其內容更加明確清晰，證明過程也更簡潔。這項研究從開始到最終發表論文，中間經歷了大概十年的時間。

陳景潤十年磨一劍的發現立刻引起了國際數學界的關注。數論界認為，這一成果在今後相當長一段時間都會是最好的。

一九九六年，德國數學家沃克教授曾到中科院數學所訪問。他送給數學所一份當年哥德巴赫與歐拉關於哥德巴赫猜想的通信的複印件。他對數學所的人說：「中國數學家對哥德巴赫猜想的貢獻那麼大，如果哥德巴赫還活著，我猜想他一定會首先選擇到中國來訪問。」

## 攀上高峰

一九七三年陳景潤的論文發表後，英國數學家哈勃斯丹和德國數學家李希特的著作《篩法》正準備印刷，但他們看到陳景潤的論文後，馬上把書的出版日期往後推——他們要在書裏添加一章《陳氏定理》。「陳氏定理」就此被命名了。他們在第十一章的開頭寫道：

我們本章的目的是證明陳景潤下面的驚人定理，我們是在前十章已經付印時才注意到這一結果的；從篩法的任何方面來說，它都是光輝的頂點。

世界各地的科學家給予了陳景潤很高的評價。

一位英國科學家給陳景潤寫了一封信，在信中對陳景潤的研究給予了高度的讚揚，他說：「你移動了群山！」

美國著名的數學家阿．威爾讀了陳景潤的這篇論文後，評價道：「陳景潤的每一項工作，都好像是在喜馬拉雅山山巔行走。」

陳景潤也喜歡用登山來形容自己的工作。他曾對同事說：「做研究就像是登山。很多人沿著一條山路爬上去，到了最高點，就滿足了。可我常常要試九到十條山路，然後比較哪條山路爬得高，凡是別人走過的路，我都試過了，所以我知道每條路能爬多高。」

為了登上數學研究的巔峰，陳景潤做了充份的準備。他認為研究至少要做到兩點：第一，必須大量閱讀國內外的文獻資料。充份掌握材料、瞭解國內外的研究動態，是進行研究的重要前提。

陳景潤的閱讀量很大，只要有新的數學研究論文和專著出來，他就會馬上找來看。有些外文資料沒有被翻譯成中文，但對研究很重要，陳景潤等不及別人翻譯，乾脆自學外語，希望自己能閱讀原文。

陳景潤中學時期學過英語，上大學以後學的是俄語，他後來又自學了德語和法語，當這兩門語言掌握到可以閱讀和基本寫作之後，陳景潤又學習了日語、意大利語和西班牙語。由於懂很多門外語，陳景潤可以直接閱讀外文原作，從而省去了很多等待翻譯的時間。這些閱讀讓他對世界的數學研究有了一個清晰的認識，並在此基礎上做出了自己的研究。

第二，必須進行大量的計算。很多數學研究都是計算的結果，沒有扎實的演算和推導，是無法得出正確結論的。

因為陳景潤的工作，哥德巴赫猜想變得只有一步之遙。遮蔽在這座大山前的群山被陳景潤用學識、膽略、毅力和耐心一點兒一點兒搬走。這一步看似簡單，但陳景潤的付出卻不是所有人都能做到的。

長期熬夜和營養不良，使陳景潤的身體每況愈下。每次去看病，醫生都勸他馬上住院治療，但陳景潤都拒絕了，他對醫生說：「我還有重要的事情要做，不能住院。」

醫生急了：「你還要命嗎？你的病情很嚴重。」

陳景潤笑著說：「要！可是我還有好多事情要做。您給我開點藥就行。」

醫生實在沒辦法，只好開了藥之後叮囑他：「每隔幾天你就要來複查一次。」

陳景潤答應著，但再也沒去找過這個醫生。他不是不清楚自己的狀況，但他也捨不得花時間去治療。他對別人說：「我知道我是病入膏肓了，細菌在吞噬我的肺腑內臟。我的心力已到了衰竭的地步，我的身體確實是支持不了啦！唯獨我的腦細胞是異常地活躍，所以我的工作停不下來，我不能停止……」

一九七四年，國際數學家大會在介紹意大利數學家朋比尼獲菲爾茲獎的工作時，特別提到「陳氏定理」是與之密切關聯的工作之一。陳景潤也因為這一定理兩次收到國際數學大會的邀請，請他在大會上做了四十五分鐘的報告。

做為中華人民共和國培養的第一代大學生，陳景潤的成績讓鄧小平感歎：陳景潤這樣的科學家，中國有一千個就了不得。要振興國家，必須發展科學，發展科學的先決條件就是要有優秀的科學家。

在中國國務院總理周恩來的提議下，陳景潤做為科技界的典範，成了第四屆全國人大代表。坐在人民大會堂裏聽周恩來總理做政府工作報告時，陳景潤心潮澎湃：周恩來在報告中號召全國人民奮發圖強，自力更生，為把我國建設成為一個具有現代農業、現代工業、現代國防和現代科學技術的強大的社會主義國家而奮鬥。陳景潤被報告的內容深深地震撼，他對自己的研究工作有了更深刻的認識。

一九七八年三月十八日，中國科學大會在北京隆重召開。陳景潤也出席了大會。當聽到鄧小平在報告中提到，大量的歷史事實已經說明，理論研究一旦獲得重大突破，遲早會給生產和技術帶來極其巨大的進步時，陳景潤激動得熱烈鼓掌。自己的研究能夠得到肯定，能夠為國家的經濟技術發展做出貢獻，還有什麼事能比這個更值得去做，更值得高興的呢？

一九七八年，著名作家徐遲寫了一篇報告文學《哥德巴赫猜想》，陳景潤一夜之間成了家喻戶曉的人物，「哥德巴赫猜想」也成了一個使用頻率極高的詞語。各地掀起了向陳景潤同志學習的熱潮，人們為他的執著努力而感歎，為他的拚搏精神而歡呼。陳景潤重振了人們對科學研究的信念與熱情，成為一個時代的楷模。

一九七八年二月十七日，《人民日報》和《光明日報》同時轉載了這篇文章。這天中午，陳景潤經過郵局的時候發現，許多人在郵局排隊購買當天的報紙。當他得知這是大家為了儘快讀到這篇文章時，連聲說：「這樣不好，這樣不好。」

在這篇文章問世之前，陳景潤只是數學所一名普通的研究人員，每天行走在辦公室和宿舍間，默默地進行著自己的研究。他的事蹟公開報導之後，全國各地的來信，各種各樣的採訪和約稿每天從四面八方向他湧來。人們邀請他到各地去做報告，講述他證明出「1＋2」的經過。

對於突如其來的鮮花和榮譽，陳景潤不知所措；對於突然增加的許多活動，陳景潤不堪其擾。很多單位來請他去做報告，很多報紙雜誌來向他約稿，很多數學愛好者來向他請教。陳景潤被動地接受著這一切，他不知道怎樣拒絕，也不知道怎樣改變，只能在活動之餘儘可能抓緊分分秒秒來學習和工作，無論到哪裏都帶著書和資料。

其實，陳景潤除了最著名的哥德巴赫猜想外，還有格子點幾何、華林問題等研究成果。這些研究有的修正了前人的研究，有的填補了數論史上的空白。一九八二年，陳景潤和王元、潘承洞一起榮獲全國自然科學獎一等獎，這是當時中國對科學成果的最高獎勵。在此之前，數學領域得過這個獎的人只有華羅庚和吳文俊。

在高度評價的同時，也有一些對他把全部精力都放在數學研究上的質疑聲。《中國青年》雜誌還專門開展了「在青年中可不可以提倡學習陳景潤」的討論。

陳景潤得知這件事後，極力反對，他說：「不要提倡學習我，我沒做什麼工作，應當提倡向雷鋒和王傑那樣的英雄模範學習。」

陳景潤對自己的研究有著清醒的認識，他從不評價自己的工作。有人問他：「你覺得自己做得最好的研究是哪一項？」

陳景潤不假思索地說：「還是『哥德巴赫猜想』做得最好。不過也很難講，有人也可以說這個工作不怎麼樣。」

這場討論的結果，就是大家更傾向於向陳景潤學習，學習他勇攀高峰的堅強決心，學習他不畏困難的鬥志，學習他忘我的奮鬥精神。

陳景潤沒有在盛名之下止步。在他看來，只有真正完成「1＋1」的研究，才算登上了數學領域的珠峰，才是真正移動了群山。

作家徐遲對陳景潤的工作有很深的理解，他說：「對陳景潤這樣的人，成名是一種痛苦，甚至成為對他的工作的干擾。他如果不是有那麼大的名氣，他就可以有更多的安靜的空間，有充份的時間來更好地進行他的研究。成名對於他來說真是一種痛苦，一般人可能不知道，也不能理解，我想，要是沒有成名，他的研究可能要比他後來的進展深入得多。」

一九七九年，陳景潤應美國普林斯頓高等研究院院長沃爾夫的盛情邀請，來到普林斯頓做短期研究。

來到普林斯頓後，看到那裏有很多的圖書和資料，他馬上開始了工作，整天埋頭於圖書館中，如飢似渴地學習和研究。他覺得，如果不好好學習，就失去了來這裏的意義。陪同他前去的翻譯朱世學對陳景潤的研究很欽佩，他說：「在普林斯頓，陳老師一般早上四五點鐘起床，而桌上的檯燈經常通宵不熄……他對科學研究的那種勤勉精神，是以整個生命為代價的。」

陳景潤珍惜在普林斯頓的每一分鐘，也珍惜每一分錢。陳景潤一向很節儉，來到美國後，他從不花錢在外面吃飯，常常自己動手做最簡單的飯菜，每個月節省下來的生活費都存在了銀行裏。一回國，他就把一個有七千五百美元的存摺上交了。陳景潤說：「我把省下的錢交給黨組織，目前國家還不富裕，我要為『四個現代化』出點力。」

在美國訪學期間，有人建議他把撰寫的論文發表到國外，陳景潤認真地說：「我的論文要在中國發表。」

但即使這樣，也有人說，陳景潤想要留在美國，不回國了。法新社的記者打電話詢問此事，陳景潤生氣地回答：「我是中國人，我還要回到我的祖國。我是一個中國人！」

那一年的普林斯頓異常寒冷，看著漫天大雪，陳景潤感慨地說：「如果我們有那麼大的雪多好！我們有許多地方還是很旱，急需水份。」

一九七九年九月，法國高等科學研究所邀請他去做研究和報告。陳景潤在開始演講之前謙虛地對大家說：「感謝你們的邀請，我能來這裏介紹我的工作，我感到很高興。我的英文不好，講錯了請你們原諒。」

在國外講學也好，在國內做報告講述「1＋2」的研究過程也好，外界的喧囂並沒有打斷陳景潤的研究。回到數學所後，陳景潤依然穿著舊得褪色的衣服，吃著饅頭鹹菜，在小屋裏埋頭看書和演算。陳景潤並不在意人們怎樣看他，他心裏最關心的是如何解決哥德巴赫猜想的最後一個問題，如何攻克「1＋1」。

## 代表人民

陳景潤連續擔任過第四、第五、第六屆中國人大代表。

一九七五年，中國國務院總理周恩來推薦陳景潤擔任全國人大代表。他們一起參加了天津代表團的會議。

會議期間，許多記者都想採訪這位傳奇科學家，很多代表也想認識陳景潤，而陳景潤卻儘量避開採訪，也很少和大家說自己的成績。會議休息的間隙，陳景潤總是獨自快步走開。代表們一起吃飯時，他總是匆匆吃完就回到房間，關上門看書。

參加了這次全國人民代表大會後，原來被大家戲稱為「兩耳不聞窗外事，一心只讀聖賢書」的陳景潤開始認真履行人大代表的職責。每次開會前，陳景潤都會逐一徵求大家的意見並記錄、整理，好在大會上提出。他開始關心身邊的人，關心身邊發生的事。

那時，社會上一度流傳著「搞原子彈的不如賣茶葉蛋的」、「手術刀不如剃頭刀」、「工人叫，農民笑，知識份子光著屁股坐花轎」等令人尷尬的言論。很多知識份子工作壓力大，任務繁重，卻只有微薄的收入。陳景潤瞭解到，當時從事科學研究的職工最關心的問題有兩個，一個是待遇過低，一個是住房困難。這其中有知識份子不受重視的歷史原因，也有科學研究院所的實際困難。

就拿陳景潤自己來說，雖然一九七七年他已經被破格晉升為研究員，但工資收入與其他行業相比並不算高。由於住房有限，單位上的年輕人通常擠在四個人一間的集體宿舍裏，很多老科學家一家幾口人只能擠在一間小屋裏。陳景潤為了能自由地進行研究，不影響其他人休息，搬出集體宿舍後曾住在一個沒有電燈的小屋裏，一住就是很多年。雖然他自己毫不介意居住條件，但既然要代表人民，那就得儘可能多地聽取大家的意見，瞭解大多數人的需求。

每當聽到同事們談論這些問題時，他都會專注地傾聽，認真地思考。每次參加人大代表會議討論，陳景潤都發言呼籲，希望政府能儘快解決這兩大難題。

幾年後，正因為有像陳景潤這樣的代表發聲，這兩個問題逐漸得到落實和解決。一九八〇年元旦，《光明日報》發表了題為〈可喜的變化　光輝的前景〉的社論，強調知識份子在人類歷史發展中起到了十分重要的作用，而在改革開放的新時期，知識份子也一定能發揮更大的作用。幾年後，中共中央發文明確規定了落實知識份子政策工作的時間，就知識份子的生活待遇、工作條件、著作權、職稱等進行了詳細指示。

陳景潤不僅關注中科院同行的問題，他還把目光投向了中科院外的大環境。中科院數學研究所在中關村，陳景潤住在所裏，平時很少出門，但他知道大家對中關村的交通問題比較關心。經過實地調查和研究，陳景潤發現，中關村雖然有好幾萬居民，但周邊通行的公車線路較少，大家出行很不方便。

陳景潤決定對這個問題進行調查和分析。他設計了一個調查表，找到附近的居民和單位的同事瞭解他們對交通的建議和看法，還查找和研究了北京市關於交通規劃的文件。在進行了大量的走訪調查後，陳景潤提交了〈關於解決中關村交通問題的建議〉。

在這份建議中，陳景潤認真細緻地分析了中關村交通問題的現狀，提出了解決這個問題的重要性和緊迫性，並給出了切實可行的建議。

兩週以後，經過公車公司的前期籌備工作，三三〇路公車開通了。這條線路的開通方便了中關村的居民，促進了這個地區的發展。當第一次看到這輛公車徐徐駛來的時候，附近的居民都非常高興。

陳景潤的宿舍距離數學所並不遠，他每天都是走路上班，不需要乘坐公車。但當三三〇路公車開通之後，他買了有生以來的第一張月票，每天從家裏出來後，走一段路，坐上三三〇公車，一站以後下車，再步行一段路到達數學所。雖然走路和坐車花費的時間差不多，但陳景潤覺得，既然交通局開通了這趟公車，就應該用乘坐的方式支持和鼓勵他們。看著這趟車為人們提供了便利，陳景潤為自己的努力感到高興。

很多人知道陳景潤的建議改善了中關村的交通後，紛紛來找他反映問題，希望他能代表大夥兒發聲。一天，一個老人在陳景潤上班的路上攔住了他：「你就是陳景潤嗎？」

陳景潤連忙點頭：「我是，您有什麼事嗎？」

老人拿出一個信封：「我的意見都寫在裏面了，你能抽時間看看嗎？」

陳景潤連忙接過信封，告訴老人：「我回去就看，看完以後再給您意見。」陳景潤看完老人的來信後，專門找到老人，和他一起討論了信中提到的問題。

這樣的事情發生了很多次。陳景潤平時惜時如金，但只要有人跟他反映問題，他總會抽出時間認真傾聽。時間久了，大家都親切地叫他「陳代表」。一次，有人向陳景潤反映了北京黃莊小區屠宰場的問題。由於屠宰場離住宅區過近，住在這裏的人每天要忍受屠宰場散發出的惡臭和殺豬時的淒厲嚎叫。雖然政府已經令其搬遷，但由於種種原因遲遲沒有執行。不堪其擾的居民找到陳景潤，希望他能關注這件事。陳景潤經過調查，寫下了〈關於北京黃莊小區屠宰場的搬遷問題的建議〉。這一建議得到了有關部門的重視，屠宰場很快就搬走了。

從一九七五年到一九八六年，陳景潤做了十一年人大代表。在履職期間，他全心全意代表人民，提出了很多有建設性的建議和意見，讓很多老百姓關心的問題都得到了重視和解決。

## 男兒有淚不輕彈

陳景潤給人的第一印象是勤奮刻苦，在他的心目中，似乎只有數學是最重要的。生活中的所有事情他都可以不在乎，唯獨數學研究不能。

有人覺得陳景潤沒有生活情趣，在生活上虧待了自己，殊不知他在數學海洋裏遨遊時是樂在其中的。只有在那個領域裏，他才能真正做自己想做的事，能用自己的意志和能力去控制前進的方向。世界上很多成功的人都有這樣的特點：專注地沉浸在自己的領域中，對外界缺少關注。

陳景潤給大家的另一個印象，就是隱忍堅強。小時候身體瘦弱，經常被同學欺負，他總是默默地忍受著，很少掉淚；青年時工作繁重，又患了嚴重的肺結核病，他也頑強地挺過來了。

令人沒想到的是，陳景潤也有當眾痛哭的時候。

完成了「1＋2」的證明之後，陳景潤最大的願望就是——攻克哥德巴赫猜想，證明「1＋1」。就在這時，當年第一個讀陳景潤論文的閔嗣鶴先生去世了。

閔嗣鶴先生是一位德高望重的數學界前輩。當年，閔先生拿到陳景潤的論文的時候，他的心臟病已經很嚴重了。但他知道這是一篇非常重要的論文，於是就將論文放在枕頭下，看一段，休息一會兒，再看一段，再休息一會兒。每一個運算的步驟，他都要親自覆核和演算。

整整用了三個月的時間，閔先生才審讀完這篇論文。他雖然很疲憊，但也很欣慰。他笑著對陳景潤說：「為了這篇論文，我至少少活三年。」

不善言辭的陳景潤很感動，卻不知道該說什麼，只好一個勁兒地說：「閔老師辛苦了！謝謝閔老師！」

時隔不久，閔先生就去世了。陳景潤得知消息後痛哭不已，他為失去一個卓越的數學家而悲傷，也為失去了一個能理解他的老師而難過。有人聽到他喃喃自語：「閔先生去世了，以後誰來審查我攻克『1＋1』的論文呢？我不做了，我不證明了。」

儘管擔心再也沒有人能看懂他的論文，但閔先生去世後，陳景潤更加勤奮，更珍惜時間。他常常三點起床開始工作，在書桌前一坐就是一天。

陳景潤從小就體弱多病，很多在別人看來嚴重的病症他卻已司空見慣。這樣超負荷的工作讓他經常感到腹痛難忍，頭暈目眩。但只要能堅持，他就不去醫院。

一九八四年，陳景潤被查出患有帕金森氏症，他被安排在中日友好醫院住院治療。每次去醫院治療他都會隨身帶去很多書和資料，把病房變成了工作室。

晚上，為了不影響同病房的人休息，陳景潤就到走廊或是衛生間等有燈光的地方去工作，有時甚至像上大學時那樣，躲在被窩裏藉著手電筒的光讀書、演算。他在自己的數學世界裏不停地計算、推理，反覆思考，完全忘記了自己是一個病人。

在陳景潤攻克了「1＋2」以後，所有在這個領域工作的數學家就把目標鎖定在了「1＋1」上。對數學的無限熱愛、為國爭光的強烈使命感，讓陳景潤更加努力，想要一舉攻克這一難關。

然而，三千多個日日夜夜過去了，陳景潤一無所獲。有時，他也會懷疑自己的努力：不是說只要播種就有收穫嗎？為什麼自己用了十年時間依然沒有任何收穫？

就在他的研究陷入困境的時候，一位德國數學家來中國訪學。

這位德國數學家來訪之前，曾有一批美國科學家拜訪過陳景潤。當時有傳言說蘇聯人已經攻克了哥德巴赫猜想的「1＋1」。與美國數學家在交流中談及這個問題時，陳景潤表現得非常沮喪。

美國數學家誠懇地告訴陳景潤：「那是不可能的。世界上如果有人能算出『1＋1』，第一個應該是你，而不是別人。」

後來證實這條消息果然是誤傳。雖然暫時沒有人攻克這一難題，但世界各地的數學家都在努力，不知道誰會搶先摘走這顆數學王冠上的明珠。陳景潤有一種只爭朝夕的緊迫感，他不敢有絲毫懈怠，恨不得把一天當作兩天，甚至三天來用。

這回，與德國數學家的交談，再次加重了陳景潤的緊迫感。陳景潤的英語很好，不需要藉用翻譯就能進行交流。他和這位德國數學家聊了很多數學問題，當說到哥德巴赫猜想時，陳景潤突然哭了。

他哭得很傷心，那哭聲讓旁人感到無法勸解。

這位外國朋友靜靜地坐在一旁，看著他流淚。

久久不能攻克難關的焦慮，對國家和人民的愧疚，研究毫無進展的悲哀，都壓在了陳景潤的身上。一位以嚴謹著稱的數學家，面對自己的研究走入困境的時候號啕大哭，這並不是一件丟人的事，而是自己內心真實情感的流露。

第二天，陳景潤依然和以往一樣，早早趕到數學所的資料室。在那裏，他有一個固定的座位，即使他不去的時候，也沒有人會坐。資料室的人都瞭解他的習慣，每次下班的時候，工作人員都要細心地在書架間搜尋一遍，以免再發生把他鎖在裏面過夜的事情。

陳景潤的前方有一座高峰，那是一個擱置了兩個多世紀的難題。陳景潤不顧一切地向上攀登著，他願意為了登上這座高峰付出任何代價。

一九八五年，華羅庚去世了。

聽到這個消息的時候，陳景潤正在重病中。醫生告訴大家，對於陳景潤這樣生活幾乎不能自理的病人，不建議去參加追悼會。但陳景潤不同意，他堅持要參加追悼會。大家勸他，心到了，人不一定去。可不論大家怎麼勸，他都執意要去。

追悼會的那天上午，醫護人員給陳景潤穿上衣服，穿上襪子，穿上鞋子，把他從樓上背下去，坐車來到殯儀館。人們勸他就坐在車上，不用非到會場裏面去。但陳景潤面色凝重地說：「不行！我要去會場！」

追悼會快開始了，隨行人員攙扶著陳景潤來到會場，站立在弔唁的人群中。追悼會進行了四十分鐘，他硬撐著站了四十分鐘。這四十分鐘裏他一直在哭，眼淚不停地往下掉，身體因為悲傷而顫抖著。

男兒有淚不輕彈，只是未到傷心處。作為一個數學大師，陳景潤並沒有因為數學研究而放棄對世界和他人的關注，他一直都在真誠地生活著。

## 盛名之下

盛名之下的陳景潤依然十分尊重自己的老師。陳景潤曾說：「尊敬老師，不是虛偽，是起碼的禮貌。我見到在公共汽車上老教授站著，青年學生坐著，真不像話。」

陳景潤常常回憶起大學時給他諄諄教導的老師們。他經常一筆一畫工工整整地給老師寫信，報告自己的近況，向老師表示感謝並虛心求教。當初，那篇著名的論文發表後，他馬上給廈門大學的老師們寄出了一份，並在雜誌上寫下了感激的話。

一九七九年，方德植老師應人民教育出版社的邀請，從廈門到北京去，負責編一套書。令方德植老師沒想到的是，在北京的那段日子，陳景潤竟然常常在晚上乘公車到賓館去看他。那時的陳景潤已經家喻戶曉，加上他經常出去做報告，認識他的人很多。陳景潤怕白天被大家認出來要簽名走不了，只好晚上才去看望老師。

方德植老師回去後，收到了陳景潤的一封信。為了讓年邁的老師能夠看清楚信上的字，陳景潤將信紙的兩格當作一格寫，每個字都寫得很大、很端正。他在信中說：「從我師到北京這一段時間內，生由於各方面的工作很多……生在招待我師方面很不周到，望我師原諒。」為了表示恭敬，他把「生」字寫得很小。

一九八一年十月，陳景潤回到當年高中求學的英華中學參加一百週年校慶典禮。看著坐在講台上的老教師們，陳景潤激動地說：「我又見到當時教過我的老師，還有我的老師的老師的老師，現在還在，現在還在，真是高興。」

陳景潤在發言中說：「回憶過去自己在這裏念書的一段生活，是我一生中最快樂的一段時間。雖然我離開母校很久了，雖然我和家鄉距離很遠，可是心裏總是想著我們的母校，想著母校的老師。」

盛名之下的陳景潤依然對培養自己的母校懷著深深的感激之情。一九九一年十月是英華中學一百一十年校慶。此時的陳景潤已經患上了嚴重的帕金森氏症，語言表達不清，行動也非常不便。數學所的領導和校友會的人都勸說他不要參加校慶慶典，但他不同意，大家只好讓他去了。

陳景潤特意在家裏提前為校慶寫下題詞：「揮灑辛勤汗，育人滿天下。」又認真地寫好了發言稿。校慶當天，陳景潤在夫人由昆的陪同下來到會場，面對參加慶典的同學和老師，他用含糊不清的聲音說：「我很高興，很高興，今天又回來了。」

陳景潤的夫人由昆代他讀了發言稿，陳景潤滿懷深情地寫道：「我會永遠銘記老師的培養，希望老師們多多保重，為教育事業做出更大貢獻。我衷心希望同學們牢記『以天下為己任』的校訓，為報效祖國而努力攀登科學高峰。只有祖國強盛起來，我們中國人才能真正頂天立地。還希望同學們能尊師愛校，我無論走到哪裏，都會為我的母校而自豪。也希望同學們能夠德智體全面發展，不要像我這樣未老先衰……我堅信同學們一定會『青出於藍而勝於藍』。看到母校學生接連在國際奧林匹克物理競賽、信息學競賽中捧回金牌銀牌，為國家爭光，真了不起，我實在高興。」

盛名之下的陳景潤對青少年的學習非常關心，他毫無保留地將自己的學習方法告訴大家。在一本《數學和數學家的故事》的書裏，有一篇名為〈我認識的陳景潤〉的文章。文章中提到，陳景潤出名後，很多人都效仿他的學習習慣，有的小學生不上課間操，甚至蹲在廁所裏看書學習。連海南島上的老太太也認為，陳景潤專門蹲在茅坑上研究數學，他的大定理就是這樣發現的。

陳景潤對此特別強調：「我不希望青少年學我，把身體弄壞。他們應該學習雷鋒叔叔，有一個健康的體魄。有一位教授的孩子，曾經在數學比賽中得到過名次，但他現在課間操也不做，就是鑽數學習題。我們有許多孩子活動空間本來就不多，不做一點運動，身體很容易損壞，長遠來看是對國家不利的。」

為了幫助中小學生更好地學習數學，陳景潤專門總結了幾條通俗易懂、便於操作的建議。

第一，學好數學首先要瞭解數學的意義。

數學存在於世界的每個地方，比如一個人、二個人、三個人……其中的一、二、三……就是數。

我們經常看到的圓形、三角形、正方形，這些就是圖形。數學和人類生活是密切相關的，是人類在生產實踐中產生的。數學是科學研究的基礎，一個國家，數學搞不好，對農業、工業、國防和科技現代化都會有很大的影響。

第二，學好數學要有自信。

學不好數學不是我們笨。中華民族是一個非常優秀的民族，幾千年前我們的祖先就對世界數學研究有所貢獻。我國古代的很多數學問題就很有意思，比如百雞術、雞兔同籠問題等；圓周率、孫子定理和勾股弦定理都比西方同類研究早很多年。對於數學學習要有信心，絕對不能因為碰到一些暫時的困難就放棄，認為自己是腦子笨，喪失了攻關的勇氣。

第三，要注意掌握正確的學習方法。

學習數學只靠勤奮是不行的，還需要掌握一定的學習方法。

學數學，熟知基本概念、打好基本功是第一步，就像造房子一樣，基礎打得愈牢靠，造出來的房子才愈牢固。學習一個定理，首先要搞清楚這個定理的已知條件是什麼，定理中所要證明的結論是什麼。每一步推理都要論據充份，力求嚴謹。

基礎打好後，只有一步一個腳印，學得扎扎實實，才可能逐步提高。就像解方程式一樣，如果一個同學連一元一次方程式 $X+5=0$ 都不會解，那他面對二元一次方程組時一定會束手無策。在掌握了基本概念之後，可以選做一些難度高一點的習題，以利於訓練思維和邏輯推導的能力。

此外，還要學會用新學到的知識去鞏固舊知識，加深理解。比如，在中學的時候用代數的方法去解答小學學過的算術題，在大學的時候用大學的方法去推中學學過的公式，做起來非常方便。而且這樣一來，以前學過的知識也就得到了鞏固。

最後，想要學好數學，一定要多做題，多自己動手。在做出一道較難的習題之後，要回想一下，這道題的難點和關鍵點在什麼地方，有沒有更簡單的解法。例如：計算9999×999，如果用一般的方法，會非常麻煩，而且容易算錯。但如果改寫成 9999×（1000-1），算起來就簡單多了。做習題的時候不要死套公式，要注意靈活運用。如果出了錯，要自己想辦法找出原因來，總結教訓，不再重犯。

盛名之下的陳景潤依然樸實善良。他還是那個和原來一樣走路上班，謙恭有禮的研究員。他對身邊的人一如既往地客氣，對單位從不提過分的要求。成名之後的陳景潤在狹小的屋子裏又住了很多年，並不因此而覺得自己被忽視了。

一九八四年四月二十七日，陳景潤騎自行車去買書，突然被一輛疾駛而來的自行車撞倒。陳景潤當即後腦著地，造成重傷。他醒來後，先問撞他的小伙子是否受傷。當得知小伙子要被單位處分時，陳景潤急忙要求不要處罰他。

盛名之下，陳景潤絲毫沒有受到外界喧囂的干擾，他心裏只有一個目標，那就是證明「1＋1」。

## 為夢想「搭梯子」

完成「1＋2」的證明後，陳景潤先後獲得了中國國家自然科學獎一等獎、何梁何利基金獎、華羅庚數學獎等獎項。外界對陳景潤的研究有很多評價，但他毫不關心。他對同事說：「無論怎樣評價，我都是『1＋2』，現在只有『1＋1』是我關心的。」

陳景潤開始朝著證明「1＋1」進軍。儘管他知道攀上這座最高的山峰可能要窮盡畢生的心血，但他毫不退縮，用盡全力向上攀登。陳景潤不是天才，他能夠攀上數學的頂峰絕不是偶然。

華羅庚曾說，陳景潤是個「慢才」。數學競賽他是不合格的，即問即答他可能答不出，但第二天他做出的答案卻會比所有的回答都深刻。陳景潤的成就是用常人難以想像的毅力和堅強換來的。

成功證明「1＋2」後，人們看著他房間裏的幾麻袋演算草稿才明白，這一結論是花費了無數個日日夜夜，經過了數以千萬次演算後得出的。有人說，數論研究挑戰的是人類智力的極限，哥德巴赫猜想挑戰的是數論領域兩百多年智力極限的總和。陳景潤挑戰的難度在數學界是眾所周知的，但陳景潤卻輕描淡寫地說：「數學沒有什麼祕密，就是要拚命。」

中國國內有的數學家曾和陳景潤談過數論問題。大家發現，陳景潤在這個領域已經走得很遠，甚至超越了他的老師。數學家林群說：「陳景潤的基本功下得很深，他像老工人熟悉機器零件一樣熟悉數學定理公式，老工人可以用零件裝起機器，他可以用這些基本演算公式寫出新的定理。」

陳景潤把每一分鐘都用來思考和研究，不肯休息也不肯停留。他常說的一句話是：「時間是個常數，花掉一天等於浪費二十四小時。」如此不惜以健康為代價，不計後果地進行研究，他的目的很簡單：「我不想名利和地位，我只希望能好好地研究數學，在這方面有一些貢獻，可以為中國人爭一口氣。」

有一次，陳景潤去理髮。理髮店裏的人很多，需要排隊。店員給了他一個號牌，告訴他還要等一段時間。陳景潤不願意在理髮店裏什麼也不做地等著，就到旁邊的書店去了。他在書店找到一本自己想看的書，一直看到天黑才想起來自己是出來理髮的。陳景潤想，這時如果再到理髮店去，即使沒關門，店裏也一定已經叫過這個號碼了，要是還要排隊怎麼辦呢？陳景潤想不出好辦法，只得無奈地回家去。

陳景潤和由昆結婚以後，由昆知道他不願意在理髮店裏等候，就買了理髮工具在家裏給他理髮。第一次理髮的時候，因為由昆不熟悉工具的使用，把陳景潤的頭髮理得像狗啃的一樣。同事驚訝地問陳景潤：「你在哪裏把頭髮弄成這樣？」陳景潤幽默地說：「在一個特別小的店。那裏不用排隊。」

陳景潤每天埋頭研究，常常沒有時間陪兒子歡歡玩。一天，歡歡好奇地問：「爸爸，媽媽說你每天晚上都睡得很晚，白天也不理我。您在忙什麼？」

陳景潤笑著說：「爸爸在做作業。」

歡歡看了看陳景潤正在寫的稿紙，恍然大悟道：「原來爸爸的作業就是數學題啊。」

常年超負荷的工作，讓陳景潤的身體已經難以再承受任何壓力。徐遲在《哥德巴赫猜想》中這樣描寫陳景潤：「他的兩眼深深地凹陷了，他的面頰帶上了肺結核的紅暈。喉頭炎嚴重，他咳嗽不停。腹脹、腹痛難以忍受，有時已人事不知，卻還記掛著數字與符號。」

中科院數學所考慮到陳景潤的身體條件不好，把他安排在病號房。院裏規定，病號房晚上十點必須熄燈。但陳景潤總是十點以後悄悄走出病房，一手拿著紙筆，一手拿著一瓶熱水來到洗臉間，背靠著牆坐在地上，開始進行演算。有時候當他完成一個階段的工作時，天已經大亮了——陳景潤又度過了一個不眠之夜。

由於病情加重，陳景潤住院治療的時間愈來愈長。每次住院治療的時候，他都會帶著書和資料去，經常通宵研究。醫生護士給他打針的時候，他要求不能在右手上打針，因為右手要用來寫字。

然而，「1+1」的難度遠比當年「1+2」的難度要高。要做出「1+1」需要在「1+2」的基礎上再上一個更高的台階。陳景潤用極其通俗的比方解釋說：「愈逼近極限，難度愈大，雖然全世界許多數學家都在努力摘取這項桂冠，但用傳統的數學方法證明『1+1』已經行不通，關鍵要找到一種全新的方法。這就好比用肉眼無法觀測外星球，用電子望遠鏡才可能辦到。可至今尚未有人找到類似電子望遠鏡的新手段。」

要衝擊「1+1」必須找到一條新路，這條路在哪裏呢？陳景潤尋找了很多個日日夜夜都沒有找到。一天，陳景潤突然想到，也許要到達的這個目的地根本就沒有路，只能搭梯子才能爬上去。

想明白這一點之後，陳景潤反而不焦慮了。他開始耐心地搭梯子，尋找合適的方法入手。這時的研究環境比原來好了太多，他的草稿紙也不用再裝在麻袋裏，而是可以一疊一疊地放在辦公室裏，放在家裏的書房裏。陳景潤孜孜不倦地探尋著，哥德巴赫猜想成了他生命中重要的組成部份。陳景潤的最後一篇論文是和王天澤先生合作的〈關於哥德巴赫問題〉。一直到生命的最後一刻，他都沒有放棄研究。

德國大數學家希爾伯特曾說：「為了引誘我們，數學問題應是困難的，但不是完全不可解決的，免得它嘲弄我們的努力，它應是通往潛藏著真理的曲徑上的引路人，最後它應該以成功解答的喜悅作為對我們的獎勵。」陳景潤所有的努力，就是在等待成功解答的喜悅，儘管不論怎麼努力，都找不到一個合適的方法。

但陳景潤並不放棄，他相信，世上無難事，只要肯登攀。雖然工作條件改善了很多，但他的工作狀態依然不變。陳景潤還是和以前一樣，在家裏的時候常常通宵達旦地演算和學習，出差或者住院時就在樓道裏和衛生間裏看書；還是把書撕成一頁一頁放在衣袋裏，有空就拿出來研究。

陳景潤堅持著，為了那個不知能否實現的夢想堅持著。正如林語堂所說的那樣：「夢想無論怎樣模糊，總潛伏在我們心底，使我們的心境永遠得不到寧靜，直到這些夢想成為事實。」

## 特殊的教學方式

一九七八年，中國恢復研究生招生工作。中科院數學所計畫招收十五名研究生，沒想到竟然有一千多人報考。報考陳景潤的考生超過了一百人，但錄取名額只有兩個人。

經過第一輪筆試，有六名考生進入了複試。陳景潤親自對他們進行面試，並對其中的三名學生很滿意。可是，數學所規定，每個導師只能招收兩名學生，三人中必須淘汰一人。陳景潤找到數學所的所長，一番軟磨硬泡之後，硬是讓三名學生都被錄取了。

能成為著名數學家陳景潤的學生，三個人都很高興。但入學以後，他們就傻眼了。陳景潤沒有帶過研究生，對這三個學生的指導很簡單。他既不給他們講課，也不給他們具體的課題，只是列出幾本書的書單，讓他們自己去看書，自己去探索，自己去發現。

陳景潤不喜歡學生向他提問，學生有問題問他，他的回答常常是：「自己考慮。」然後拂袖而去。有一次，三個學生結伴到他的宿舍去向他請教，聽到敲門聲後，陳景潤竟然把屋裏的燈關掉，不管學生們怎麼敲門都不開。

學生們一時找不到學習的方向和方法，又不知道該怎麼跟陳景潤溝通。他們感歎道：「做陳景潤的學生真苦。」

但不久之後學生們就發現，他們不僅是陳景潤的學生，還是陳景潤的助手，要經常幫他處理一些學術上的事務。這雖然辛苦，但讓他們有了更多的機會瞭解自己的老師。

學生們在與陳景潤的接觸中看到，陳景潤的研究基本上都是獨立完成的，他的刻苦和堅韌讓學生們驚歎，他對數學研究的敏銳讓學生們欽佩。學生們漸漸明白，老師讓他們自己研讀，其實是給了他們最大的研究自由和空間。做研究要肯下工夫，要學會獨立思考，這樣才能真正取得成績。事實證明陳景潤的做法是對的，畢業後，這幾名學生都成了數學研究領域的佼佼者。

陳景潤平時和學生的相處並不多，但他對他們的要求卻非常嚴格。每個學期學生都要交研究報告給他，如果論文中有計算錯誤或是其他的疏漏，陳景潤絲毫也不能容忍，有時甚至到了苛刻的地步。

學生們第一次把論文交給陳景潤的時候，他只是簡單地瀏覽了一下就把論文扔還給了他們。學生們雖然平時很少看到陳景潤笑，但也很少看到陳景潤發火。他們忘不了陳景潤大發雷霆的樣子，忘不了他用福建口音的普通話斥責他們學習不認真、不刻苦、不用心。

幾個學生不敢多說一句話，撿起自己的論文灰溜溜地走出教室。雖然不敢抱怨，但也有些不知所措，他們不明白導師為什麼會因為幾個小問題發那麼大的火。一個偶然的機會，他們從其他教授那裏知道，陳景潤治學非常嚴謹，他投稿的論文幾乎不用改動一個字，每一步演算和每一個結論都完全正確。學生們這才明白，陳景潤是希望他們能像自己一樣，有嚴謹的治學態度，在研究中精益求精。

儘管後來交論文的時候學生們依然戰戰兢兢，害怕自己的馬虎讓陳景潤大發脾氣。但他們並不反感陳景潤這樣做，因為他們理解老師獨特的教學方式，理解老師的良苦用心。

陳景潤一共帶過六個學生，其中三個博士生是在他生命晚期，住院期間帶出來的。帶博士生的時候，陳景潤的身體已經非常差了，病情十分嚴重。在眼睛難以睜開、只能用手指撐著看書的情況下，他還和他的博士生一起合作了十三篇論文。

陳景潤躺在病床上，和博士生一起讀書、討論、確定論文的選題和思路，用含混的語言表達自己的觀點和看法。在生命的最後時刻，他還記掛著學生的論文。陳景潤用這種獨特的教學方式讓學生真正學習了他的研究方法，帶領他們走進數學研究領域的大門。

陳景潤的學生們發現，雖然老師沒有對他們進行事無鉅細的關心，但老師對數學的專注與執著，在生活中的樸素與淡泊，都給了他們太多的啟發與幫助。

有一次，一個學生和陳景潤出去辦事。走著走著，陳景潤突然把一毛錢塞給這個學生。學生詫異地問：「陳老師，為什麼要給我錢？」

陳景潤有些尷尬地說：「上次我請你幫我寄過一封信，我沒給你郵票錢。你也不提醒我，幸虧今天我想起來了。」

這個學生本想推辭一下，但他知道陳景潤的做事風格，就只得收下了。

身教重於言傳，陳景潤用自己的刻苦與嚴謹、堅韌與執著，讓學生不僅學到了知識和方法，更明白了一個科學工作者應該具備的涵養與素質。

## 緊握那雙手

陳景潤從小就不喜歡與人交往。在進入數學研究領域後，更是全身心地投入其中，無暇考慮生活中的其他問題。

由於常年沉浸在自己的數學研究中，日常生活中的陳景潤顯得木訥少語，很少與人往來。很多人認為，陳景潤就是一個滿腦子只有數字、沒有感情的人。理解一個普通人都是很難的，更何況一個常年與數字打交道的人。很少有人能夠真正明白陳景潤的內心世界。

據說，徐遲的《哥德巴赫猜想》發表後，許多年輕女性對陳景潤表達了仰慕和愛意。陳景潤對此並不動心，有姑娘專程到數學所來探訪陳景潤，但都被他拒之門外。

當所有人都以為陳景潤不會有愛情的時候，有人發現，陳景潤戀愛了——他愛上了從武漢到北京三〇九醫院來進修的醫生由昆。由於由昆在武漢工作，兩個人只能用寫信的方式溝通。陳景潤寫下了很多熱情洋溢的情書，傾訴著自己熾熱的感情。

善良開朗的女醫生和熱愛數學研究的陳景潤走到一起並不奇怪，這是兩個同樣單純質樸的人，他們相互敬重，相互理解，共同營造了一個屬於他們自己的家園。一九八〇年八月，兩個人結了婚。一年以後，他們的孩子出生了，陳景潤有了一個幸福的家。

由昆是醫生，對陳景潤不健康的生活方式非常反對，每天督促他鍛鍊，提醒他早睡，改變他的飲食習慣。陳景潤嘴上答應著，行動上卻依然我行我素。不管由昆怎麼說，他還是每天睡得很晚，起得很早，有時甚至通宵不休息。

陳景潤不愛鍛鍊，由昆就在家裏佈置了一個簡易的健身房，陳景潤剛開始還練了幾天，之後就覺得麻煩，開始偷懶，只在由昆快回家的時候隨便練幾下。由昆知道後，只能不再勉強他。

不能控制陳景潤的作息時間，不能強制他鍛鍊，由昆只好退而求其次，給陳景潤制訂了衛生守則，要求他每天刷牙兩次，一週洗澡兩次，兩天刮一次鬍子，兩週剪一次指甲。在由昆的精心照料下，以前不修邊幅的陳景潤變得愈來愈精神。

由昆常說：「我要帶兩個小孩，一個是歡歡，一個是老小孩。」她說這話並非無奈與埋怨。說起這個看起來對妻子言聽計從，但有時也有些頑皮，總試圖違反規則的丈夫，由昆知道，陳景潤對妻子、對孩子、對這個家都有著深深的依戀與熱愛。

溫馨的家庭生活讓陳景潤對生活有了更多的興趣。他開始對音樂產生了興趣，一天他興致勃勃地告訴由昆：「數學和音樂一樣，它們描述的都是和諧美。數學是無聲的音樂，音樂是有聲的數學。」每天晚飯後，陳景潤都會戴上耳機聽一會兒音樂，甚至學會了幾首歌，能把〈我是一個兵〉唱得鏗鏘有力。

陳景潤開始在陽台上種各種植物。有時種小蔥和大蒜，有時種一些容易養活的花。不論種什麼，他都認真地澆水施肥、捉害蟲，每天下班回來都要先去看看他的寶貝植物。看著茁壯生長的植物，他的臉上總會露出孩子般天真的笑容。

一九九五年五月二十二日是陳景潤六十二歲的生日。當時他生著病，住在醫院裏，醫生建議他的生日在醫院裏過。

由昆帶著孩子早早地來到醫院，給陳景潤帶去了一束鮮花。歡歡特意在院子裏摘了一朵黃色的小花，輕輕放在陳景潤的床頭，對著陳景潤的耳朵說：「爸爸生日快樂！」

陳景潤微笑著拉住歡歡的手，輕輕摩挲著，但沒過多久就開始催促他們：「歡歡，你該上學去了。由，妳也早點上班去吧。」

由昆瞭解陳景潤，即使希望家人陪在身邊，但他也不願意他們為了自己耽誤工作和學習。因此，由昆和歡歡早在前一天就在家裏提前為陳景潤過了生日。

這是一個沒有主角在場的生日會。家裏掛上了綵帶和氣球，桌上擺了鮮花和生日蛋糕，由昆和歡歡一起點燃了紅蠟燭。

歡歡大聲說：「祝爸爸生日快樂！」

由昆也說：「生日快樂！」

搖曳的紅蠟燭慢慢燃燒著，由昆看著蠟油一滴一滴掉落下來，心裏一陣絞痛。歡歡問：「爸爸明天真的不能回來嗎？」

由昆點點頭。

歡歡拉住媽媽的手說：「媽媽，我們一起許個願，希望爸爸明年能回來過生日。」

兩個人一起吹滅了蠟燭，歡歡笑著對媽媽說：「我許的願很靈，爸爸明年一定能回來過生日。」

歡歡聽了爸爸的話，上學去了，由昆沒有走。

看著躺在病床上的陳景潤，她似乎有很多話想對他說，但她最終什麼也沒說，只是接過護工手裏的碗，一勺一勺餵陳景潤吃飯。

吃完飯後，陳景潤沒有像往常一樣午睡，他有一句沒一句地和由昆聊天。突然，陳景潤向上挺了挺身子，嘴裏發出急切的聲音。由昆急忙湊近一些，這才聽清楚，陳景潤要由昆把結婚戒指拿給他。

由昆連忙取出戒指，細心地為他戴在手上。陳景潤想抬起手看一看，由昆連忙拉起他的手，把戒指舉到他眼前。

陳景潤深情地看著這枚戒指，它雖已不像當年那樣閃閃發亮，但歲月在它身上留下的痕跡似乎讓它變得更加可愛、柔和。他不禁緊緊握住了由昆的手。

他們結婚十六年來，陳景潤經常這樣緊握著由昆的手。他們緊握著手，走過了生活中的風風雨雨，走過了人生中的日日夜夜。

# 數學家爸爸

四十八歲這年，陳景潤才當上爸爸。

孩子出生那天，因為是剖腹產，陳景潤擔心得一夜沒睡。兒子出生後，他興奮得冒著寒風跑回數學所，向大家報告：我做爸爸了！

陳景潤對由昆說：「你生孩子太辛苦了，就讓孩子隨你姓，叫由偉吧。」

由昆笑著說：「孩子是我們兩個人的，就叫他陳由偉吧，小名叫歡歡。」

歡歡的降生讓陳景潤體會到了做父親的快樂。雖然一家三口加上保母住在一套很小的房子裏，家裏到處都掛著孩子的尿片，但陳景潤非常滿足，每天下班回來就抱著兒子笑呵呵地轉來轉去，不停地逗他。

兒子出生後，從不為自己的衣食住行操心的陳景潤，開始學著上街給兒子買牛奶；日夜作息顛倒的他，會為了讓兒子安靜睡覺而早早休息；從不浪費時間的他，每天都會抽出一定的時間和兒子玩。在兒子面前，陳景潤不是一個數學家，而是一個普普通通的疼愛孩子的父親。

北方的冬天非常寒冷，除了大白菜很少有其他蔬菜可以吃。陳景潤為了讓兒子有新鮮蔬菜吃，在花盆裏種了一棵番茄苗。他每天細心地澆水，為柔弱的枝幹綁上木棍支撐。在陳景潤的精心照料下，這棵番茄苗長得非常茁壯，並結出了紅紅的果實。

由昆摘下番茄，做了一碗菜湯。她讓陳景潤先吃，陳景潤卻說什麼也不肯吃一口，他對由昆說：「給歡歡吃！歡歡需要它，孩子吃了它會更健康的。」

和大多數父母一樣，陳景潤也希望自己的兒子將來能成為一個有用的人。他抓住一切機會培養兒子的各項能力。

歡歡剛會說話，陳景潤就開始教他英語。每當歡歡問爸爸這是什麼的時候，陳景潤不僅告訴他中文的名稱，同時也教會他英語的讀音。他希望歡歡從小就能掌握一門外語，以後從事科學研究或者其他工作就能事半功倍。

歡歡只有十個月的時候，陳景潤把一枝鉛筆放在他的手裏，歡歡握著筆上下揮舞，陳景潤高興地說：「我兒子會寫字了！」由昆在一旁樂開了花：「你也太心急了吧。」

有一天，陳景潤進門就喊道：「歡歡，猜猜爸爸給你帶什麼好吃的回來了？」

歡歡跑過來抱住爸爸的腿，喊著：「爸爸，給我！」

陳景潤把手高高舉起，直到歡歡有些不高興了，才把手放下來。看到他的手裏有一包糖塊，歡歡馬上伸手想拿過去。陳景潤把手往後一縮：「等等，這些都是你的，但我們要先做個遊戲。」

歡歡馬上規規矩矩地坐好，眼睛盯著陳景潤的手。陳景潤把糖塊放在桌上，一塊一塊數了起來。數完之後告訴歡歡：「這裏一共有九塊糖，如果我拿走了五塊，還剩幾塊？」

歡歡歪著頭想了想，搖搖頭說：「不知道。」

陳景潤耐心地拉著歡歡的手說：「來，爸爸教你數一數。」

等歡歡知道九塊糖拿走五塊還剩四塊後，陳景潤高興地給了他一塊糖。看著歡歡吃糖的饞樣兒，陳景潤的眼裏充滿了慈愛。他喜歡和歡歡這樣做遊戲，既陪伴了孩子，又培養了孩子對數學的興趣。

一轉眼，歡歡已經三歲了。這個年齡的孩子對外界的一切都充滿了興趣，喜歡用自己的方式去探索世界、瞭解世界。三歲的歡歡喜歡畫畫，用色彩和線條表達對世界的觀察。歡歡在家裏牆上空白的地方畫，在桌角上畫，在椅子背上畫，只要是有一塊平整的地方，歡歡就在上面畫滿他喜歡的圖案。

由昆下班回來，看到家裏又被歡歡畫得到處都是五顏六色的圖案，非常生氣。但沒等由昆找歡歡算賬，陳景潤先說話了：「孩子畫畫，是在動腦筋，不要阻止他。」

聽到爸爸這麼說，歡歡畫得更起勁了。陳景潤拿來一疊白紙，對歡歡說：「如果你把想畫的東西畫在這裏，我們就可以開辦一個畫展。」

歡歡聽了爸爸的話，就不再到處亂畫。週末的時候，陳景潤在走廊裏釘了兩顆釘子，中間拉一條線，用曬衣服的小夾子把歡歡的畫掛了起來，再在最前面的一張紙上寫上幾個大字：「歡歡繪畫展」。

歡歡畫了新的作品就會掛在這根線上。每天陳景潤下班回來，看到上面有了新作品，都會認真地評價一番，鼓勵歡歡再接再厲，畫出更多更好的畫來。

孩子的興趣總是變得很快，歡歡不久又迷上了拆玩具。一件玩具在他手裏，很快就會被拆成幾塊。儘管由昆整天在歡歡的身後提醒他不能這麼玩，但只要媽媽一不留神，歡歡就把一件玩具給大卸八塊了。

由昆有些擔心地對陳景潤說：「這孩子是不是太頑皮了，這些玩具在他手裏都變成了廢品。」

陳景潤笑著安慰由昆：「這樣做沒什麼不好。孩子這是在動腦筋研究玩具的結構呢，讓他做去吧。」

歡歡上小學了，還和上幼兒園時一樣貪玩，在課桌前坐不了一會兒就想去玩。陳景潤跟由昆商量：「把歡歡的小桌子搬到我的書房，他看到爸爸在看書，說不定就會用功讀書了。」

開始的幾天，歡歡看到爸爸在看書，也認真地做起作業來，做完作業後就找一本書看。可幾天以後，歡歡就忘了媽媽說過不許打擾爸爸。他一會兒起身出去喝水，一會兒又說自己餓了。有時候乾脆跑到陳景潤面前問：「爸爸，您看的什麼書啊？」

陳景潤只好放下書，儘可能簡潔地向他解釋。

幾次以後，由昆擔心歡歡影響陳景潤工作，又把他的小桌子搬了出去。因為身體不好，陳景潤沒有過多的精力去輔導歡歡的功課。歡歡記得，爸爸只給他講過一次數學題。

那道題是這樣的：「1+2+3+4+5+6+7+8+9=？」

由於數字很多，歡歡算了好幾遍，每一遍的答案都不一樣。他想去問爸爸，但想到媽媽平時總是要求他不要打擾爸爸，就又猶豫了。

陳景潤正好走了過來，看到歡歡咬著筆桿發呆，就問：「遇到問題了嗎？」

歡歡連忙指著題目說：「就這道題，算了好幾次，答案都不一樣。」

陳景潤看了一眼說：「這道題的答案是45。」

歡歡驚訝地問：「您就看了一眼，怎麼就知道答案呢？」

陳景潤耐心地解釋說：「1和9相加，2和8相加，3和7相加，4和6相加都等於10，一共是4個10，再加上中間的5，就是45。」

歡歡崇拜地看著爸爸。「是不是因為您是數學家才那麼厲害？」

陳景潤搖搖頭。「這道題目是給小學生做的，不是數學家也能做出來。每做一道題目，都要認真思考，找出規律。只有掌握了規律，才算是真正完成了練習。」

陳景潤曾有一個心願，希望兒子今後也研究數學。為了提高孩子對數學的興趣，陳景潤和由昆商量後，在歡歡小學五年級的時候給他報了一個「華羅庚數學班」。但歡歡似乎並不喜歡學習數學，聽了幾次課之後，他就拒絕去上課了。令人沒有想到的是，陳景潤並沒有大發雷霆，而是平靜地接受了歡歡的決定。他說：「孩子有自己的想法，應該順著他。沒有人可以打造他，除了他自己。」

雖然希望歡歡能專注學習，考試能取得好成績，但陳景潤從不限制歡歡的業餘愛好。有一次，陳景潤正在福建出差，學校選中歡歡吹小號，歡歡特意打電話徵求爸爸的意見。

陳景潤並不知道小號是什麼，他問歡歡：「吹小號是不是就是吹喇叭？」

一旁的由昆笑著說：「這是兩種不同的樂器。」

陳景潤也笑了：「只要歡歡喜歡，我沒意見。」

和成績相比，陳景潤更看重的是歡歡的性格養成。他希望自己的孩子謙虛謹慎、樸素正直。他經常對妻子說：「不要讓孩子有優越感，要教育他尊老愛幼，要告訴他，不要靠父母，要靠自己努力。」

陳景潤常年住院，歡歡只要去醫院看望爸爸，就會給他按摩。他向媽媽學習了按摩的手法，輕輕地給爸爸按著，還不時問：「舒服嗎？」

陳景潤連連點頭：「舒服極了。」

在兒子歡歡的眼裏，父親陳景潤與他的關係同天下所有和諧的父子關係一樣，平凡而溫馨。這是一個溫柔、可親、循循善誘的父親，他並不是不問世事的科學狂人，像傳言的那樣「不食人間煙火」。的確，父親每天要工作很久，他愛數學，愛工作，但他從未因為數學而忽視家。相反，他是那樣愛自己的家，那樣珍惜和家人在一起的每分每秒。

# 人生的目的是奉獻

陳景潤生命的最後幾個月是在醫院裏度過的。因為常年帶病工作，陳景潤的身體一直非常虛弱，一年中的大部份時間都在醫院裏。人們去醫院探望他的時候，常常看到陳景潤一手打著點滴，不是在艱難地看資料，就是在和學生討論問題。大家都勸他把工作放一放，但陳景潤總是搖搖頭。在生命的最後階段，他已經不能握筆，眼睛無法睜開，也不能清晰地說話，但他仍然用手勢和含糊的語言與他的學生討論數學問題。去看望他的中國科學院院士王元對陳景潤說：「你就放棄它吧！你已取得的成就，至少本世紀無人能望其項背！」

陳景潤緩緩地搖搖頭，堅決地吐出一個字：「不！」

一九八四年，陳景潤被查出患了帕金森氏症。這種病堪稱「醫學界的哥德巴赫猜想」，至今都沒有找到有效的治療方案。雖然醫生們全力救治，但陳景潤的病情惡化得很快。

陳景潤的眼睛只要閉上就不能睜開，後來發展到必須藉助外力才能開闔。他的喉部肌肉漸漸麻痺，不能吞嚥，不能正常說話，只能發出含混的語音。他的手不能握筆寫字，腳不能正常走路，只要稍不注意就高燒不退，引起其他的併發症。

然而，他的思維依然清晰，記憶力和聽力依然很好。他知道自己剩下的時間不多了，數學研究對他來說已經是心有餘而力不足，這讓他苦惱不已。來看望他的親人和朋友都勸他放棄工作，陳景潤痛苦地說：「不讓我工作，不如讓我去死。」

直到生命的最後時刻，陳景潤都沒有放棄數學研究。去世前幾個月，他依然關注著國際數學界的訊息。當得知英國數學家懷爾斯解決了費馬定理時，他請護理人員幫他把眼皮翻開，用含糊不清的聲音說：「快把資料找來，我要看！」

除了數學，陳景潤最牽掛的還是家人，他尤其放心不下由昆和兒子歡歡。

陳景潤希望有更多時間能和由昆廝守，哪怕只是握著她的手，也感到幸福。只要外出散步，他都會穿上由昆給他買的一件紅色的夾克衫。病情得到緩解的時候，陳景潤會拉著由昆的手，輕輕哼唱起〈十五的月亮〉。由昆聽出了他要表達的眷戀，強忍著淚水說：「你唱得真好，我都聽到了。再過幾個月就是你六十三歲的生日，到時候我們一起回家去過生日。」陳景潤沒說話，只是努力點了點頭。

陳景潤希望能看著歡歡長大成人，成為一個優秀的人。他常拉著歡歡的手說：「爸爸一生都在與命運抗爭，如今，爸爸要與死神抗爭，爭取更多的時間，教育和哺育你，讓你長大，讓你上大學。」

可是，陳景潤沒有等到兒子長大的那一天，沒有等到回家過六十三歲的生日。

一九九六年三月十九日，他安靜地離開了這個世界。

陳景潤或許是遺憾的，他距離「1＋1」的頂峰只有一步之遙。

陳景潤或許是欣慰的，他證明出的「1＋2」是全世界數學家奮鬥了兩百多年都沒有解決的難題，至今無人超越。

陳景潤或許是無悔的，他把畢生的心血和精力都奉獻給了自己熱愛的事業，從未停留和懈怠。

一九九一年，北京電視台採訪了陳景潤一家，當記者問他人生的目的是什麼的時候，陳景潤不假思索地說：「人生的目的是奉獻，而不是索取。」

一九九九年十月，經國際小天體命名委員會批准，中國科學院北京天文觀測中心施密特ＣＣＤ小行星項目組發現的——國際永久編號是「7681」的小行星，被命名為「陳景潤星」。而陳景潤自己，也像一顆星，寧靜，璀璨，為他最愛的數學，燃燒了自己的一生。

國家圖書館出版品預行編目 (CIP) 資料

陳景潤 / 余雷作 . -- 第一版 . -- 新北市 : 風格司藝術創作坊出版 ; 臺北市 : 知書房發行 , 2021.05
面 ;　公分 . -- ( 嗨 ! 有趣的故事 )
ISBN 978-957-8697-84-3( 平裝 )

1. 陳景潤 2. 傳記

782.887　　109003435

嗨！有趣的故事

# 陳景潤

作　　者：余　雷
責任編輯：苗　龍

發　　行：知書房出版
出　　版：風格司藝術創作坊
　　　　　235 新北市中和區連勝街 28 號 1 樓
電　　話：(02) 8245-8890

總 經 銷：紅螞蟻圖書有限公司
　　　　　台北市內湖區舊宗路二段 121 巷 19 號
電　　話：(02) 2795-3656
傳　　真：(02) 2795-4100
http://www.e-redant.com

版　　次：2021 年 8 月初版　第一版第一刷
訂　　價：180 元


ISBN　978-957-8697-84-3　　Printed in Taiwan